Where in the World is God?:
Reflections on the Sacred Mystery
Kenneth J. Dale

神はいずこに

聖なる神秘の黙想

ケネス・J・デール ［著］

谷口真理子 ［訳］、デール・パストラル・センター ［監訳］

キリスト新聞社

This book is dedicated to all
who wonder about God

この本を
神について思い巡らすすべての人に捧げます

WHERE IN THE WORLD IS GOD?:

Reflections on the Sacred Mystery

by Kenneth J. Dale

紹介の言葉

　思慮深い人であれば、神学、哲学、歴史、科学など学問の世界が専門的に細分化され過ぎているという問題についてじっくりと考えたことがあるでしょう。このように細分化されることで、学問の各分野の専門性は高くなりますが、その一方で、学者にとっても一般の人にとっても、人間の真の問題に対して現実的で適切な答えを導き出すことがとても難しくされてしまっています。一般人の思考は妨げられ、分断された学問はしばしば互いに無関係になってしまうのです。

　幸いなことに、いくつかの例外はあるものです。そして、ケン・デールほど助けになる人はいません。私たちには、キリスト者であってもキリスト者でなくても湧き上がってくる実存的な問いがあります。そして、キリスト教の伝統的で単純な答えには意味を見出すことができないのです。ケン・デールは、そうした問いに焦点を当てていくのです。

　　　ジョン B. カブ　　クレアモント神学校　　プロセス神学センター　　名誉教授

　ケン・デールは、神の真の理解を追い求める彼自身の探求を読者にも共にするよう招いています……。

　彼は、疑問や逆説を投げかけ、そしてさらに議論を先へ進めるための方法を、魅力的な会話スタイルと誠実さを特徴とする短く簡潔な文章を用いて示していきます。読み進むと、読者は伝統的な神学と現代の神学の両方におけるさまざまな流れや論点について学ぶことができます。

　　　　　　　　　　ボブ・ハード　　シアトル大学　　宗教音楽作曲家

目次

序文

　これは「ミニエッセイ」や「詩」の書かれている小さな本です。一つひとつ完結したものであり、別々な時期に書かれているものです。私は自分が真の「言葉の達人」として詩を書く詩人であると誇るものではありませんが、かといって各セクションの冒頭部分を除いては、単なる散文に終わらせたわけでもありません。このような書き方をすることによって、個々の考えを論理的に発展させることにこだわるよりも、よりのびのびと示唆的なスタイルで書けるという自由がありました。読者の皆さまには、一度に多くを続けて読まないようにお願いしたく思います。それでは飽きてしまうでしょうから。けれど私は、これらの小さな書き物が、最後には一本の「新しいぶどう酒」へと熟成すること、今日の世界にふさわしい神について考える道筋を探求する上で、真実のきらめきを持つぶどう酒となることを願っています。

　この本には五つのセクションがあります。最初の三つのセクションはさまざまな視点から神を見ています。最後の第4、第5セクションは、疑いや問いを持ちつつも聖書的信仰の知恵に訴えかけている点で、最初の三つとは異なります。

　この小さな本の読者として、私は特に二つのグループの人々を想定しています。まず、スピリチュアルなものと世俗の狭間（はざま）で生きる、とりわけ35歳以下の人々。つまり、宗教への敬意を持ちつつも教会の軽い神トークにうんざりしていて、「無宗教」な人々と一緒にいる方が落ち着けると次第に思い始めているような人々です。そしてもう一方は、礼拝の場所に定期的に行くには行くけれども、自分の人生における神の本当の意味について静かに格闘している人々です。

　宗教に関する最新の統計の調査[1]は、すべての宗教においてその宗教に所属する人が急速に減少していること、そして同時に個人的なスピリチュアリティへの関心があること[2]を示しています。教会においてさえこのような憂

慮すべき事態が起こっているということに切実に駆り立てられ、私は神について新たな視点から書こうと思い至ったのです。私のうちにある深い問いや、私にとって役に立つと感じる新しい解釈をお分かちしたいと思いますので、どうぞ私と一緒に格闘してください。

　注：聖書は神を男として描いていますが、奇妙な文章になってしまうことがあったとしても、神に言及するのに「彼」というジェンダーの言葉を使うのは避けようと思います。神はジェンダーを超えた、ジェンダー以上の存在ですので。

ピルグリム・プレイスにて、ケネス・J・デール
カリフォルニア州クレアモント

日本の読者の皆さまへ

　英語圏においては、ここ数年「神」という主題をめぐってさまざまな議論がなされているように思います。

　特に、キリスト教の伝統的世界にあっては、「神」という言葉で何が理解されてきたのかということへの新しいアプローチが見出されてきていると言ってよいと思うのです。

　宗教や哲学の領域に少しでも関心を持ってきた文化や国にある人たちにとっては、「神」という言葉はあらゆる主題の中でも最も興味をそそられるものなのではないでしょうか。

　日本語のカミと言い表すものとキリスト教における「天の父」と信じられているところには、かなりの違いがあるように思います。そうした違いに思いを向けるならば、「神」という言葉には、実は数え切れないほど異なる概念があるということに気づかされます。しかし、私がこの本で表そうとしていることは、さまざまな文化や宗教における「神の本質」の理解への学術的な研究ということではありません。むしろ、私自身が信じ、礼拝をしている「神」についての非常に個人的なさまざまな経験や信念といったものなのです。ただ、その私自身はこの「神」こそ、日本人であれ西洋人であれ、すべての人々が意識的にも無意識的にも求め続けている普遍的なる「聖なるお方」であると信じているのです。

　私自身は自分の人生の45年間を日本で過ごし、そこで多くの人たちと出会い、人を知るということ、また愛するということがどういうことなのか学んできました。ですから、そうした日本の方々といつまでも関わっていたいというのが私の深い願いなのです。実際既にその日本での働きを引退して25年の月日が過ぎていても、私の信じる「生ける神」を日本の方々に証しし続けたいと思いますし、またそれが自分の人生に与えられた働きなのだと思っているのです。けれど、私は今、新たに、この神がどのようなお方なのかということについての考えに導かれていて、それをぜひとも皆さまにお分

ちしたいのです。

　ある意味で、日本は現代社会の中で最も世俗化した文化の一つでしょう。しかし、それでいて日本人の皆さまはスピリチュアルニーズ、あるいは宗教的な深い求めを満たすものをやはり心の深いところで求め続けているように私には感じられるのです。私は、その日本人の皆さまがそうして深く求めているところのものは神の声なのだと信じています。そして、ここに私が試みました一つのアプローチは、きっとそうした皆さまにはお役に立てるのではないかと思うのです。

　私のこの試みは、学問的過ぎるものではありませんし、かといって自分の実存的な体験を語るのみでもないのです。そうして描いたこの本が、日本人にとっても、アメリカの人々にとっても、いえ、あらゆる文化や人種を超えて、誰にとっても、「神」を求める者にたくさんの扉を開くものであってもらえたならと祈っています。

　残念なことに、キリスト教文化も含めてほとんどの文化においては、「神」は人間の敬虔さや神学において操れるような、ある種の「存在者」と考えられているように思われます。しかし、そうした考え方や教えは、真の宗教の進展にとって有害でしかありません。また私たちの深いスピリチュアルな求めを満足させるものでもないでしょう。ですから、どうか、私自身の証しするところを受け止めていただいて、誰に対しても開かれていて、同時に自分自身のものでしかない、神を求める一つの道を歩んでいただければと思うのです。

　多くのアメリカのキリスト者が、この本を手にしてくれましたが、普段から熱心な信仰を表している人も、逆に宗教にあまり関心のない人も、どちらも、この本が、私たち人間のいのちと生活、また人生の最も大切な現実について考え始める助けになると言ってくれました。スピリチュアルな探求の旅路をご一緒しませんか。

　今回の、この日本語版への翻訳と出版は、日本ルーテル神学校附属研究所デール・パストラル・センターのお働きによるものです。谷口真理子氏、安

田真由子氏、福井貴絵子氏、石居基夫氏、そして齋藤衛氏には特別に感謝を
申し上げたいと思います。そして最後になりましたけれども、出版にあたっ
て誠実に、かつ辛抱強く編集の労をお取りくださったキリスト新聞社の富張
唯氏に心より感謝を申し上げます。

ピルグリム・プレイスにて、ケネス・J・デール
カリフォルニア州クレアモント
2022 年秋

謝辞

　私の神学を形作る上で、ジョン・カブ氏と彼のプロセス神学センターは大きな助けとなってきました。この本の巻頭に載せられた彼の「紹介文」にはとても感謝しています。また、私の所属するアメリカルーテル教会パシフィカ・シノッドのビショップであるアンドリュー・テイラー氏の励ましにも深く感謝しています。

　神に対する狭い見方を広げていく旅路につきあってくれたピルグリム・プレイスの「Doing Theology（神学すること）」グループの同僚たちにもお世話になりました。全員の名前を挙げることはできませんが、特にチャールズ・ベイヤー氏の考えは刺激的でした。ボブ・ハード氏、ビル・モアメン氏、ジョン・デナム氏から助言と励ましをいただいたこと、またリッチ・メイフィールド氏と示唆に富んだ会話を交わせたこと、彼が私の仕事を刺激的に批評してくれたことに感謝しています。

　さらに、文献表に記されたたくさんの著者たち、また出版までの道のりで私を導いてくれた（ガイドしてくれた）ウィプフ・アンド・ストックの編集担当の方々に深く御礼申し上げます。

はじめに

　私はいつも神について考えています。神は誰か、神とは何か、神はどこにいるのか、と問いながら。

　とはいえ、神について、無限で筆舌に尽くし難い神について説明するような本を書くなんて、そんな厚かましい人はいないでしょう。それでもやはり、私は神についての本を書きたいのです。私はこれがどんなに皮肉なことであるか気づいていますし、神についての客観的で正確な「説明」をしようとすることは愚かしいと思うのです。そして、それがこの本の目的でもありません。神の存在や本質についての「証拠」など探さないでください。私たちにできるいちばんよいことは、個人的な、また共同体的な神の体験と、その体験から生まれる神への信頼を分かち合うことです。

　どれほど多くの人が、私に言わせれば神への不適切な信仰を持ち、また単に「神を見限って」しまっていることでしょうか。それを知って、私は私自身の神への疑いや神との信仰的な格闘、またそこから得てきた洞察を分かち合いたいと深く願うようになりました。神の本質は私にとってはスピリチュアル／霊的な生における根本的なものであり、探究し続けてきたものだからです。

　これを書きながら、私は、神という概念に関する近代やポストモダンの世界観において重大な変化が起こっていることに気づいています。19世紀以降、フリードリヒ・シュライアマハーやカール・マルクス、チャールズ・ダーウィンなどの神学者、哲学者、科学者は伝統的な世界観をひっくり返しました。20世紀のはじめに「神の死」の理論――トマス・アルタイザー、ウィリアム・ハミルトン、そして彼らを有名にしたジョン・ロビンソン（『神への誠実』）を考えてみてください――は大勢の注目を集めました。ある意味で、彼らの理論はディートリヒ・ボンヘッファーが以前に唱えていた「非宗教的キリスト教」への反発でした。これらの影響力ある思想家たちは、キリスト

教神学者と教会の職務に従事する人たちが、今日の聴衆たちの考え方に合ったメッセージで語りかけるためには、そういう変化に敏感であることを不可欠としたのです。

　現在では宗教的な思考は、神についてのことがらを不当な社会的問題の文脈で考えるように正しく努力がなされるようになりました。それには十分な正当性があるのです。けれども、私はやはりこうしたことに関する神学的なよりどころを無視したくないのです。そのよりどころとは、究極的には「神」と私たちが呼ぶ一人のお方と、神が世界で働くそのなさり方であると私は信じています。

　神というテーマにさまざまな方法でアプローチすることができることは承知しています。さまざまな宗教における神についての比較概念に目を向けたり、たとえば神体験についての古典的な存在論、宇宙論、あるいは目的論的「証拠」を吟味するなど、哲学の観点から神を考えたり、または先ほど挙げたような卓越した思想家たちから学ぶこともできます。(3) 現在、原理主義者たちと大多数の福音派の人たちは、天国と呼ばれるところに存在し、善には報酬を、悪には罰を、特に「裁きの日」に与える全能者としての神というイメージを全面的に受け入れています。彼らにとってこれはすべて「聖書に書かれている」ことで、疑問を持つことには抵抗があるのです。

　けれども、たとえこういった人々から役に立つ洞察を得られるにしても、私は学問的な観点から書いているのではありません。私は、ただ、私自身の洞察と体験に基づいて書いているのです。「熟年」になって既にかなりたつとはいえ、私は生きている限り粘り強い求道者であることに引け目を感じたりはしません。「あなたはこの本の中に自分の身を置かなければ」(4) と記した現代の執筆家、デヴィッド・ブルックスに従いたいと思うのです。

　神について興味を持つ方はどなたでも、どうぞ私と一緒にしばしご自分の身をこの本の中に置いて、神について対話をいたしましょう。

「序文」および「はじめに」のための注釈

（1）合衆国における過去15年間の動向を示す統計は以下の通り。これらは、2003－2017年に行われた約174,000人の電話インタビューによる世論調査をABCニュースおよびワシントン・ポストがまとめたもの。

（訳注：https://abcnews.go.com/Politics/protestants-decline-religion-sharply-shifting-religious-landscape-poll/story?id=54995663 を参照。）

・アメリカ合衆国人口全体のうちのキリスト教徒は2003年には成人人口の83％であったが、2017年には72%に低下。

・プロテスタントは2003年には50％、2017年には36％。カトリックを自称する人たちは22%で比較的安定。

・この期間中、無宗教の人（いわゆる "nones"）はほぼ2倍に増加。2003年は12%、2017年は21%。

・この期間、若い人たち（18－29歳）の間では無宗教が16ポイント増加し、2017年には35%になった。

（2）「スピリチュアルだが宗教的ではない」といわれるカテゴリーに属する人々の数を調べた重要な統計がもう一つある。「スピリチュアリティと宗教に対する考え方」に関するピューリサーチセンターの詳細な研究結果（ヨーロッパの教会に焦点を当てたもの）をご参照いただきたい。長大なレポートであるが、これは同センターのさらに大きな研究である「アメリカにおける宗教的情勢の変化」の一部であり、同センターのウェブサイトで読むことができる。

（訳注：https://www.pewresearch.org/religion/2015/05/12/americas-changing-religious-landscape/

https://www.pewresearch.org/religion/2018/05/29/attitudes-toward-spirituality-and-religion/）

・サザン・カリフォルニア大学宗教生活部長ヴァルン・ソニによって示され

た他の世論調査では、すべてのアメリカ合衆国民のうち 20％が「スピリチュアルだが宗教的ではない」というカテゴリーを選択すると報告。これは、年齢、ジェンダー、人種などにおいて最も幅広い層の人々を対象としている。これらの人々のうち半分はキリスト教徒を自称。

（3）ロイド・ギーリング著 Reimagining God, Part II 参照。

（4）デヴィッド・ブルックス著 The Second Mountain より引用。

第1章
新しい見方はできるのでしょうか

　神についてもっと意義ある話をしようとする私たちの試みは、世の中と教会内両方における伝統的な議論への不満に向き合うことから始まります。一神論のもとでの一般的な神理解とは、神は天に座しておられる超人のようなお方、世界を支配しておられるが時に私たちに介入するお方、あるいは単なる「天上の人」です。しかしこのような理解は偶像崇拝でないとしても、完全な誤解です。

　祈りが聞かれないこと、あるいは人災・自然災害の体験は、神を信じない根拠となります。これは、1940年代のドイツにおけるホロコーストを振り返るときに、全世界の人が身をもって感じたものであったし、今なおそのように感じるものであります。もし、善であり力である神がおられるなら、どうしてそのような神がヒトラーに600万のユダヤ人を殺すままにさせ、世界の数えきれない子どもたちを飢えで死なせ、津波であれほど多数の人々を海に飲み込ませられるのでしょうか。

　この時代に信仰の世界を探し求める人たちに意義ある話をしたいというのが、私の心からの望みなのです。天空におられる万能の存在としての神の話では満足できない私たちは、この時代にとってもっと意味のある、神を理解する新しい方法を見出さなければなりません。第1章では、否定的な面から始め、後の章で肯定的アプローチへと進んでいきます。

神よ、なぜあなたは隠れておられるのですか

私は哲学者ではありませんし、哲学者に向けて語ろうとしているのでもありません。

けれども、どうしても私たちは知恵と真理の領域を深く掘りさげないではいられないのです。

それが、私たちにとって哲学のなすところであり、

私のような人たちが本を書く理由なのです。

哲学者たちは、神について大いに関心を寄せて問うています。

「神」という語が示すものには実体があるのか、それとも人間の想像[1]なのか。

現代人は、「証拠を見せてくれたら、信じられる」と言います。

でも、歴史上、誰も神を見た人はいないのだから、証拠はどこにあるのでしょう。

「知られざる」ものを礼拝したり信じたりできるのでしょうか。

神は、聖書を書いた人たちにとってさえ「隠れた神」なのです。

旧約聖書の詩編には、次のような深い魂の問いがあります。

「いつまで、主よ

わたしを忘れておられるのか。

いつまで、御顔をわたしから隠しておられるのか。

いつまで、わたしの魂は思い煩い

日々の嘆きが心を去らないのか。」[2]

この熱い叫びは、私たちのものでもあるでしょう。

神というものがいるなら、なぜ私たちからこれほどまでに隠れているのか。

しかしこうした否定的体験にもかかわらず、世界中の多くの人々が、あらゆる宗教の人々が、神を求め、神に祈るのは、なぜなのでしょう。

これは何世紀もの間人々が考え悩み、今日なお私たちが抱える疑問なのです。

考え方を変えましょう

世の中の大多数の人たち、そして教会の会衆席にいる人たちは、
伝統的な「神」理解に満足しているようです。
つまり、それは「二層世界の宇宙」観の古代に創り出されたもので、
神はその天の「最上階」のどこかに存在する最高権威の力溢れる存在でした。
教会の信仰信条はキリスト者の信仰をはっきりさせようと
いっそう正確に神を定義しようとしています。
しかし現代、神学者たちの間には神の概念について混乱があるのです。
私たちは既に「神の死」が神学界を襲った時代を体験してきました。

現代の神学者の一人カレン・アームストロングは、
あらゆる宗教の誠実な人たちを結び付けるのは〈憐れみ〉である、と言って
います。
もし宗教信仰の真髄が憐れみと愛であるならば
そしてもし私たちが愛によって生きているなら
愛そのもの以外に、神と呼ばれるどなたかがいると考える必要は何なのか、
と、彼女と他の神学者たちは述べています。
思慮に富む友人が語っていました、
「異なる時代、異なる現実認識に語りかける、比喩や象徴などといった言葉に
なぜ我々は必死にしがみついているのだろうか……
神を信じないで、イエスの熱心な弟子になることの方が簡単かもしれない」と。³

探し求める現代の人たちにふさわしい新しいパラダイムを、
私たちは皆探しているのです。
何世紀もさして変わっていない「教会用語」に戻るのではなく
「誰も知らない神」⁴ を理解する暗闇に、光の穴をあける方法を
探しているのです。

「上にいる神」にさようなら

最近、私は「あぁ、そうか」と思わず声に出すほどに明確に気づいたことがありました。

私たちは神のあのイメージ

「上」のどこかにいるどなたか、というあのイメージを

なんとしても取り除かないといけない、と。

「上にいるどなたか」の神は限界づけられた存在であり、真の「神」ではありません。

それは多くの神々のうちの1人であり

そのような神を礼拝することは、偶像崇拝のようなものです。

なぜかといえば「上にいるどなたか」は

私たち自身が作り出したイメージにすぎないのですから。

「神々の中の神」と「真の神」を識別する必要があります。

私たちは「真の神」を新しく見出すために心を開くようチャレンジを受けています。

このお方は究極的には定義したり、心に思い描くような対象ではないのです。

これは、中世のマイスター・エックハルトの有名なパラドックス

「神よ、私から神を取り除いてください」が意味することです。

エックハルトは「神」の語の二つの意味を示しているのです。

19世紀のロシアには、「穴を礼拝する人」と呼ばれた人たちがいたといいます。

この人たちは、聖なる対象物ではなく、壁の穴という空を礼拝したと言います。

こうすることによって、特定の神を思い描くことを免れました。

これは過激に聞こえるかもしれませんが、よく知っているお隣さんであるかのように神について絶え間なくおしゃべりすることよりずっといいのではないかと思います。

小さな異文化エピソード

長年日本に住んでいましたが、日本の文化は独特な宗教状況に彩られています。

大多数の人々は、自分はぼんやりとではあるが神道と仏教と何らかの慣習的な関わりがある、と思っています。しかしそれでいてその日々の生活はとても世俗的です。

神道は非常に古い国家宗教であり、多神教といえるでしょう。

大小無数の神社が日本の風景に点在しています。

神社はそれぞれ何か自然のものや人物などに捧げられています。

崇拝の対象は、美しい山や巨大な木、その土地のかつての英雄の霊あるいは天皇の場合もあります。

そのネガティブな面とまたポジティブな面の両方を受け止めつつ、日本の多神教の中で暮らしました。

無生物や国家全体への原始的崇拝はネガティブな側面です。

しかし一方、自然への深い理解、そして自然との神秘的な一体感はポジティブな面です。

他方また、私たちの暮らしには仏教そしてその精巧な装飾の寺院との関わりもありました。

近隣の人たちは寺院に行き、葬儀や年忌、亡くなった方の法要に参加します。

アメリカ人はよく、仏教を禅や瞑想修行と同じものとみなしますが、

禅や瞑想は、仏教のはるかに複雑な思想・修行の体系の一つの面にすぎません。

私たちにとって関心があるのは、仏教における神概念ですが、それは基本的には無神論です。

ブッダのイメージは神々ではありません。

ブッダは仏教徒が追い求める悟りの達成の象徴なのです。

これは、今ここでの「救い」です。

自分自身の状態としての救いであって、神との関係ではないのです。

この逆説的な状況の中で一神教を象徴するものがキリスト教なのです。

「父なる神」を礼拝するキリスト教です。

神道の神概念と、仏教の悟りを得た自己という概念は、

キリスト者の神概念におそらくは無意識のうちに、どれほど大きく影響を与えていることだろうか、と私は思うのです。

逆説的で秘かな神

最近、私はますます、神秘的・逆説的に神を理解するようになってきました。

神は、私の気づき・意識の中におられるのです。

でも、また同時に私の意識を超えたところにおられます。

神は人間のいのちの不可欠な部分です。

でも、また人間のいのちの中だけにおられるお方ではありません。

神は自然の中におられ、自然界の隅々にまで満ちておられます。

でも、また自然の中だけにとどまっておられるお方ではありません。

こうした表現は矛盾していますが、少なくとも神を知る始まりとなります。

神は「どこかそこらに」いるような存在ではないとはっきりさせるのです。

神が天の優しい懐かしいおじいちゃんであるというイメージを消すのは、
なんと難しいことでしょう。

でもこれは私にとって、神を理解する新しい見方を探る最初の一歩なのです。

私たちは、謙遜にして、まったく新しい考え方に対して自らの心を開く必要
があります。

神の存在は、伝統的なイメージが示すものよりはるかにとらえ難いのです。

私は、神は秘かにおられるのだと信じています。

被造物すべて、自然も人間も含めて、その中に、共に、またその下にも。

「言い表せぬお方」　それとも　「偶像」

「神」を別世界の「どなたか」と考えたり、天の威厳と力ある存在と考えたり、
熱心に祈りを向ける誰か・何かと私たちが考えるなら、
「神」は偶像でありうるかもしれません。
本当の「神」は何かの対象ではなく、私たちの想像をも超えた方です。
まさに人間の思いではまったく理解できない方なのです。
しかし、喜びをもって礼拝し信じるために
人間は、「理解できないお方」とか「知られざるお方」ではない
何かもっと他のものを必要とします。
ですから私はかぎ括弧付きの「神」という表現を使うのです。
かぎ括弧は、言葉で言い表せない存在、
単なる存在以上の「存在」を表します。
このお方は、すべての存在の根拠であり、
あるものすべての基盤であり、
人類の最高の望みを満たすものです。

古代イスラエルの人たちは、このお方の名前を発音することすらしませんでした。
それほどこのお方を畏怖し敬うあまりにその名を書くことさえもしませんでした。
彼らにとっては、言い表すこともできないこのお方以外を礼拝することなど
「忌み嫌うべき」ものでした。
私たちには「神は〇〇ではない」としか言えません。
神は何であるのか、言うことはできないのです。
言葉で言い表せないものをとらえて名付け、
それを「神」として利用することは、
偶像を作り出すことでしかありません。

新しいぶどう酒には新しい革袋

真に新しいメッセージをもたらす方であるイエスは、

ある時、弟子たちに語りました。

「だれも、新しいぶどう酒を古い革袋に入れたりはしない。

そんなことをすれば、ぶどう酒は革袋を破り、ぶどう酒も革袋もだめになる。

新しいぶどう酒は、新しい革袋に入れるものだ。」[5]

私はいつも新しい革袋を探しています。

新しい現代の考え方は

世俗的な人や若い人、そして世代にかかわらず思索する人たちを

宗教についての対話へと導く架け橋となるかもしれません。

神のイメージを考え直す必要があります、

私たちの神概念を「人の似姿」にしないように。

「神の似姿」に造られた人間の意味をよく考えることが、私たちの課題です。

これがまさに「新しいぶどう酒」であり、

新しい革袋、すなわち新しいぶどう酒を入れる新しい言語概念が必要なのです。

ラディカルな転換

私の本棚の宗教書をご覧ください。

ジョン・カブ著 Jesus' Abba

チェット・レイモ著 When God is Gone, Everything is Holy

トーマス・ジェイ・オード著 The Uncontrolling Love of God

フィリップ・クレイトン著 Transforming Christian Theology

シルベスター・ポール・シリング著 God in an Age of Atheism、等々。

自分をラディカルとは思っていなかった私にしては、かなりラディカルな神学書ですが、

これらの著者は、神の意味を考えるための新しい方法を見出そうとした人たちです。

私自身キリスト教信仰の意味を探る途上にある現段階では、

これらの本は、不信仰な疑いへと私を誘惑するものではなく

私たちが生きている身体的、知的、霊的な世界をより深く理解するよう

導いてくれる友なのです。

神は宇宙のどこか遠いところに住んでいる離れた存在ではなく、

神はすべての中におられ、私の中におられ、神の体としてのこの世界におられるのだ、

と信じるなら、わずかな例ですが次のような伝統的な概念を理解する上で新しい解釈を見出すはずです。

神はその御子を地上へとおろされた。

イエスは、父の右の座に上られた。

私たちは死んで天に行き、神と一緒になる。

問題は「上にいる誰か」という概念です。

私たちの多くにとって子どもの頃からこの考えが染みつき、

心の中にこびりついています。

これを私は自分の「日曜学校信仰」と呼んでいます。

私にとって、この概念を削ぎ落とすには、

革新的な新しい信仰上の発想の転換が必要なのです。

か弱い自分の体の中で神に出会うということ

もし物質的・霊的な世界が神から切り離されたものではなく、

神がおられるまさにその場であるならば、

神を称え神の名を賛美するには

天上の何かの存在のことを思うべきではなく

自分の身近にあるものや、今している仕事や、

そして何より自分の体に思いをはせるべきです。

「ここ」で神に出会わないのなら、

どこであろうと神に出会うことはないのです。

神の霊が、〈私の体〉に受肉されていないなら、

私が信じている神は、あらゆるところにおいでになる「実在」ではなくなっ
てしまいます。

これは物質的なモノと神を一体化する汎神論ではありません。

神と世界の違いを〈識別〉しますが、それは〈分離〉ではありません。

形なきものに形を与えるために神の霊は器を必要としています。

私の体は、使っていただける器なのです。

パウロは友人に語っています。

「あなたがたは、自分が神の神殿であり、神の霊が自分たちの内に住んでいる
ことを知らないのですか。」[6]

人間の誕生や死を含む、自然のサイクルの中に、神はおられます。

神はここにおられ、私たちの悲しみの中で私たちと共に苦しみ、

私たちの喜びの中で喜ばれます。

そうして「すべてよし」とされたことを知って、いのちは意味と平和に満た
されるのです。

進化論を超えて

現代人の多くは神を必要と思っていません。

なぜなら進化論がいのちの始まりやいのちをめぐるたくさんの「奇跡」についてのさまざまな疑問に答えを与えてくれているからです。

でも、なぜ神を信じることと進化論を信じることは両立できないのでしょう。

進化論はより大切な問いには答えてくれません。

たとえば、もしすべてがビッグバンによって始まったのなら、

ビッグバンのエネルギーはどこから来たのか。

なぜ太陽系には普遍的に引力という現象があるのか。

意識の始まりは何なのか。

銀河が今もなお拡張しているなら、宇宙の成長に限りはないのか。

こうした驚くべき現象なしには

私たちが知っているような世界は存在しないでしょうし、

人類も存在しないでしょう。

ではこうした問いへの答えは、どこに求めればいいのでしょうか。

もちろん、私たちが思い描くこのような神のところには行かないでしょう。

神聖な命令によってこの物質的宇宙を統治する王のような神。

生まれよと星に命じ

人間に正しく振る舞うよう命じ、

従わないならば罰をくだしてしまうような、そのような神。

神に疑問を投げかけることへの赦し

神は傷つきません。神は自分を守る必要はないのです。
もし神が本当に言葉で言い表せない「すべてにおけるすべて」であるなら
神は現実そのもの、真理そのものです。
私たちの側からいくら疑問をぶつけたとしても
そのようなお方を傷つけることはできません。
だから、私たちは伝統的教義と、そうした教義の根拠である聖書について
問いかける自由があるのです。

聖書は聖なる書物であり
神の驚くべき恵みと人間への愛についての
ユニークですばらしいメッセージの書物であると私は信じています。
けれども、その一言一句が今日の私たちへの神の言葉であるというのは言い
過ぎです。
それは、神の霊よりも書物を崇める聖書崇拝です。
神の霊は1冊の本に閉じ込められることなく
今なお語り続けておられるのです。

古代イスラエルの人たちの YHWH 体験

私は、古代イスラエルの人たちと同じく、
神の本質とはすべての被造物の中心にあって
見ることも触れることもできない「力」であると信じています。
偶像崇拝は万物の中にある個別で有形のものだけを崇拝しています。
有形のものを礼拝したいと思うのはとても自然なことでしょう。
しかし、古代イスラエルの歴史では見えない「声」が
特にそれを聞くように選ばれた人に呼びかけました。
モーセの召命の物語では
エジプトで奴隷にされたイスラエルの人たちを導き出す指導者となるように
呼ばれたモーセの
「彼らに何と答えるべきでしょうか」という問いに答えて
その声は、「わたしはあるという者だ」、
さらにシンプルに「わたしはある」、と自らを示されました。[7]
その名をモーセに伝えたお方は、神というものへの納得のいく定義を示す絶
好の機会であったにもかかわらず、そうはなさいませんでした。
この言葉にできないお方の一瞬のひとことにモーセは満足したでしょうか。
イスラエルの人たちは命じる言葉を聞きました。
あらゆる触れられるモノを礼拝することをやめ
神秘的で確かに在られるお方をさらに深く礼拝するようにと。

ここに考えるべき重要なことがあります。
この在られるお方を深く敬うがゆえに
古代イスラエルの人たちはそのお名前を口にしたり書いたりすることさえし
ませんでした。
その名は子音だけで YHWH と記されました。
母音がないので発音もできません。

現代の私たちは口先で「ヤーウェ」とか「神」と発音します。

このお方には男性人称代名詞が標準的に使われ

私たちは神を男性ととらえがちですが、

「わたしはあるという者だ」というこの自己定義には、男性か女性かはないのです。

このため聖書・賛美歌では「ジェンダーフリー」な翻訳をすることが現代の正当な風潮です。

ただし残念ながら、しばしば奇妙でとってつけたような表現になってしまうのですが。

いのちを敬うこと

神や天国は存在するが、どちらもどこか確かな「場所」にあるわけではない
と考えるなら
いったいどこに存在しうるのでしょうか。
これはもちろん矛盾する問いですが、一つの答えとして
自分の中、私自身の中、あなた自身の中にあると言えます。
神は私の中におられ、私の中には天国があるのです。
これが本当だという証拠はありませんし、
これが本当ではないという証拠もありません。

このような神を、どうやって賛美できるでしょうか。
私たちは造られたものを賛美することによって神を賛美するのです。
造られたもの、すなわち私たち自身や、動物、植物、山々や森を賛美するのです。
これらのものは生きる価値や意味を与えるために私たちに与えられたのです。
賛美すること。
それは、私たちを取り巻く世界を敬い、認め、感謝し、大切にし、愛すること。
それが私たちの霊性の表れなのです。

私たちの霊性は、さまざまな仕方で満たされます。
一つは、感覚器官すなわち五感を通してです。
身の周りで、また自分自身の中で
見るもの・聞くもの・触れるもの・味わうもの・香りをかぐもの、
こういうものが絶えずいのちを祝しているのです。
そして私たちは自分の存在という不思議さに心を打たれて立ち尽くすのです。

アルベルト・シュバイツァーはこのことを
「真の宗教は〈生命への畏敬〉である」という有名な信条に表現しています。

悪はなぜあるのか

哲学でも宗教でも繰り返し出てくる問いがあります。

なぜ悪が存在するのか。

造られたものは元々よいものだったのに、ではどこから悪は現れたのか。

なぜ全能の神は悪を防がなかったのか。

この問いは私たちに痛いほどに迫ってきます。

善なる神はどうしてホロコーストの恐怖を見逃されたのか。

「キリスト教国」において 600 万人のユダヤ人が殺されたのです。

このことを思い出すだけでも深い傷が痛みます。

そして、それまで神の支配があると教わってきた何百万人もの人たちは

神との関係を断ち切ろうと決めてしまうのです。

そのような神は神というより悪魔のようです。

そして、まさにこれが無神論の始まりなのです。[8]

この終わりのない問いへの私の答えをまとめるならば、次のようになります。

生じるあらゆることを支配するのに

神が完全な力をお持ちというわけではない、と考えてみてください。

神はいのちの中心に在られますが、それを支配しているわけではないのです。

人間はその存在を受け入れることも、抗うことも自由にできるのです。

弱さや悪は、力や善と表裏一体です。

善を行おうという意志は、裏側に悪を行うことの可能性があることを意味しているわけです。

ですから私たちの行いにおいて、善と悪は常に共にあるものなのです。

「なぜ悪があるのか」は間違った問いなのです。

それは「なぜ善があるのか」と問うことと同じく、間違った問いなのです。

物事はそういうものなのです。

神の中のパラドックス

友人の話に耳を傾けました。
彼の妻の恐ろしいアルツハイマー病が進行しているという診断を
受け入れなければいけない葛藤を彼は話してくれました。
私たちが直面したのは、あの繰り返し問われる問いです。
もし神が全能なる世界の支配者であり、神が善であり愛であるのなら、
世界にはなぜこんなにもたくさんの苦しみがあるのか。
私はこのように思い巡らしました。
神は畏れ多くすばらしい方だが全能ではない。
世界の善と悪を支配することは神の力の範疇_{はんちゅう}ではないのだ。
もし、起こるすべてのことを神が支配しているなら
私たちには自由はないだろう。
自由というものは人類の最大の特色であり重要な一面なのだ。
権威に満ちた造り主である神（銀河や原子を考えてみてください）、
この神は、弱い人と共に歩み苦しむ人と共に苦しむ神と同じ神なのです。

これがキリスト教信仰の独特な中核です。
歓_{よろこ}びの神は同時に苦悩の神なのです。
栄光と力と美が神の本質にあり
またその一方で同時に悲しみと苦しみもそこにあるのです。
これってばかばかしいでしょうか。
あまりにも逆説的で、非合理的でしょうか。
たぶんこのことが、初期の「教父たち」が神の本質を思索して、
三位一体という教義にたどり着いた要点だったのではないでしょうか。
権威に満ちた父、苦悩の御子、臨在の聖霊の三位一体という教義です。
三位一体。それはパラドックスに満ちた神を理解する一つの試み。
これについてはのちほどさらに詳しくお話ししましょう。

神をイメージする危うさ

神を信じるのは難しいことです。
私たちは神を想像しようとしたり
理性で理解する範囲で神のイメージを描こうとしてしまうからです。
でも、それは役に立ちません。
「神」というまさにこの言葉の定義それ自体が
思考・理性・科学的分析といった人間のあらゆる概念を受け付けないのです。
神について考える別の方法を試してみましょうか。
私たちの感覚器官はまことに驚くべきすばらしいものですが
現実に出会う唯一の道ではありません。

直感や情緒体験も知るための方法ではあります。
現実の多くは理性や感覚を通してではなく
感情や直感、何か神秘的な手段や直接の体験を通じて分かるようになるので
す（芸術の世界を思い起こしてみてください）。
孤独や愛といった経験がそうであるように、
このような感情的また直観的な経験というものには力があるものです。
それは五感によるものではありませんが、確かな現実です。
神はいろいろな方法で、人間に
神ご自身を分かるようにしてくださっているのだと思います。

支配していないが、不在ではない[9]

私がこの年になって納得できるようになってきた説があります。

神様は宇宙の全能なる支配者ではない，

神様は世界や人間の生を〈支配〉していない。

病気や事故や戦争といった出来事を決めているのではないし

ある人は死なせ、ある人は生きるようにしているのではない、

という考え方です。

もし神様がすべてを支配しているのなら世界には悪はないでしょう。

でも現実には悪が存在するのです。

神様は世界をお造りになった時

被造物自体の内にある原理に従って作動する世界をお造りになったのだ、と思うのです。

しばしば人間の行いに応じて

しばしば自然の必然の作用（例えば地震）に応じて

良いことと悪いことの起こる世界を、お造りになったのだと思うのです。

これが自由な人間のあり方、そして世界のあり方なのです。

「大量殺戮」を考えてみてください。

人間の誰かが決めたことを神様は止めることができなかったのです。

自分の人生に起きる良いことという「御恵み」を

まるで自分だけに特別に与えられた贈り物であるかのように神様に感謝するのは間違ったことです。

同じように、神様が私たちに腹を立てておられるのではないのに、

悪いことが起こったときに神様に反抗するのも間違っています。

そしてまた、それゆえ神様は存在せず、世界や人間の生に不在なのだと考えることも間違っています。

リチャード・ドーキンスらのような無神論者たちの理論は『神は妄想である』[ⅰ]

とあざけっているかのようであり、

宗教は手に負えないほど広がってしまった価値のない考えだ、と言うのです。

それに対する私の答えは単純です。

「妄想と呼びたいのならそう呼んでください。

でも、すべて私たちは実存的な渇望を持っていると私は思っています。

自然を超えた何かを求める渇望、

根源的なものを求める人間の魂の深い願いがあるのです。

これこそが、消すことのできない

私たちの内なる『神の似姿』なのではないでしょうか。」

第2章
神を指し示す隠喩（メタファー）

　この第2章は特に、神の存在そのものがつまずきの石となっている人たちに向けて書きました。まずは、たとえ神を直接知ることはできなくとも、神を指す隠喩によって私たちの思考は刺激されるだろうという希望と前提のもとに始めます。前章では、人間にはできないこともできる独特の存在ではあるとしても、まるで私たちが見慣れているもの、つまり（男性の）人間のような存在としてのみ神を想像することの無益さを理解しました。私たちは栄光の王、全能の主、その他似たような人間的イメージで神を呼びますが、こうした人間にたとえる隠喩は、神の本質を理解する妨げになります。

　したがって私たちが直面するのは次の問いです。まったく新しいジャンルのメタファーなどというものはあるのでしょうか。まったく異なる種類の実在として神を見ることを可能にするように私たちの知性の目を開き、同時に21世紀の科学的概念に基づくような新しいメタファーは存在するのでしょうか。できれば、少なくとも空から見下ろしている強い男性のイメージとは異なる神概念の可能性を見出すことができればよいのですが。別の世界を垣間見せてくれるような、聖なるお方の「衣の裾」に触れるようなメタファーはあるでしょうか。

隠喩を用いるということ

隠喩とは何でしょうか。

隠喩とは、あるもので別のものを暗示することにより、その二つが似ている
ことを表す修辞的表現法です。

神について語られることはみな隠喩であるとよく言われます。

隠喩は理性では定義・理解できないものを表現する唯一の手段だからです。

「神」という言葉自体が隠喩でもあるし象徴でもあります。

見たことのないものを表すのですから、

この言葉を使い続けざるをえないのです。

では「神」という言葉は、本当は何を象徴するのでしょうか。

「それより偉大なものが存在しない何者か」でしょうか。

「究極のリアリティー」でしょうか。

哲学の概念はあまりに抽象的です。

しかしここで隠喩と言っているのは「月を指す指」[ii]のように

日常生活で使われている言葉です。

単純で具体的な言葉を使うことで、言い表せないものを指し示すことができ
ます。

聖書の中には神を示すメタファーが 130 あると言われています。

それは第 5 章にゆだねることにして

この章では現代の科学的世界に登場する隠喩に目を向けてみます。

空気

私たちは物質世界にすっぽり包まれて日々生き、その世界の情報は五感を通して私たちに伝えられます。
しかし、神は見えないし形を持たないので、
神という概念は人間の感覚にとっては現実味を持ちません。
私たちが住む世界では、物質世界と非物質世界とは緊張状態にあります。
ほとんどの人は自分の世界を見えるものだけに限定してしまうのですが
日々の生活で私たちが体験することの多くは形を持たず、見えないものです。

私たちを取り囲む空気を考えてみてください。
空気はまったく見えないですが現実のものです。
肺に空気がなかったら私たちは数分で死んでしまいます。
血管に酸素（空気）がなかったら
私たちの体内器官や脳はすぐ止まってしまいます。

この見えない空気がいかに重要か考えてみてください。
空気は巨大な飛行機を離陸させ
長時間、はるか上空を超スピードで飛ぶように飛行機を支えています。

こんなふうにちょっと考えることで
私は〈見えない神のための場所を作る〉ことができます。

鯉の池

大きな金色の鯉が日本庭園の池を泳いでいるのを眺めていました。
魚たちは水以外何も知りません。
魚たちは水の中でおぼれません。
水から栄養を吸い込みます。
そのいのちを維持するために水に頼っています。
水を愛しています。

私たちは神がおられるその海の中で泳いでいます。
そこから逃げることはできません。
この慈しみに満ちた宇宙が、私たちが生きて呼吸している場なのです。
そこから逃げる必要があるでしょうか。
口を閉じて栄養が流れ込んでこないようにする必要があるでしょうか。
池の水、それは太陽からの光のように、いたるところにある重力のように、
私たちが選ぶ・選ばないにかかわらずいのちを支えているのです。

〈神は、私たちのいのちを取り巻いているあの神秘なのです。〉
それを認め受け取り喜ぶかどうかは、
私たちにゆだねられています。

電波主義

私たちは絶えず見えない電磁波や電波の中にいます。
まず、21世紀の人たちの日常生活を考えてみてください。
テレビ、携帯電話、そしてあらゆる種類のワイヤレス電子機器を常に使い、
実際に会うことなくコミュニケーションを可能にしています。
何十億台もの「スマートフォン」を考えてみてください。
そう、数えきれないほどのスマートフォンが地球上のいたるところで使われ、
電磁波を使ってメッセージを送っているのです、しかも同時に。
スマートフォンのおかげで日本の友人と話したり
漢字でメッセージを送ったり、交響曲の生き生きとした音色を受信したり
オンラインで本を読んだり、他にもたくさんのことができるのです。
手のひらの中の小さな機器に触れるだけでできることです。
世界が私の手のひらの中にあるのですよ、これは驚きです。

それは〈宇宙における神の遍在〉に似ています。

こういったすばらしいことをスマートフォンでできるのはなぜでしょう。
「クラウド」があるのです。
それは広大な目に見えないエリアで
整然と機能するインターネット上の無線データが納められた「バンク」です。
何十億もの電話に対応しており、人々はこの不思議なデータ・バンクから
絶え間なくサービスを受け取っているのです。
その大海のようなデータ処理を見ることはできませんし、まったく私たちに
は理解できませんが
私たちの文明全体がその信頼性の上に成り立っているのです。

それは、〈神の見えない超越性〉に似ています。

引力[10]

引力とは、私たちが神の本質について深く有意義に知るための隠喩です。
引力は、一つの秩序の中で働いている見えない力で
一つのものを他に引き寄せる力です。
引力は空っぽの空間と時間をあるやり方で形にする、いわば「場」です。
それは惑星をその軌道に保ち、星々をそれぞれの位置に定め、
無理やりにではなく〈引き付ける〉ことによって宇宙を〈形造り〉ます。
私たちの〈足をいつも地に〉つけてくれる重力がなかったら
私たちは気まぐれに飛び回る物体となり
宇宙は混乱してしまうでしょう。
引力はまったく見えず触れることもできず、ほとんど気にもされず
およそ科学の理解を超えています。
でも引力は不可避です。
引力がなかったら宇宙は崩壊し、文字通り〈粉々になってしまう〉でしょう。

引力とは何かという問いは、まさにそれ自体、
その力の性質とその源について
科学者たちをも悩ませるものです。
引力はある面では波として理解できます。
蜘蛛の巣に触れたときに起こる波のようなものだ、と科学者の友人が言って
います。
でも触れたことで起こる波自体は引力ではないのです。
人々は教会の典礼に従って
「父の右に座す」お方を礼拝しています（使徒信条）。
私たちを、今この瞬間にも地球という惑星にとどめさせてくれているエネル
ギーを
私たちは認めるべきではないでしょうか。

地球と月と惑星を軌道に保ち
人類が地上に「根ざし」続けることを可能にしてくれているエネルギーを
認めるべきではないでしょうか。

〈神の超越の力、遍在の力、その不思議さ。引力とはその比喩なのです。〉

光

宇宙の不思議な現象の一つである光。

光とは何なのでしょうか。

ろうそく、電球、太陽を見ると、私たちが光と呼ぶものがあり

その光は光線から成っています。

日光やろうそくの炎を分析したら、光と呼ばれるものの本体が分かるのでしょうか。

そうではなさそうです。

光が対象物に行う作用によって、光を知ることができます。

夜、光は見えないものを見えるものにします。

物が見えるようになるために、光は何をしたのでしょうか。

光の波がその物の性質を変化させたのでしょうか。

そしてまた光線は何百万マイルも暗黒を突き抜けて進み、

光の源である太陽と照らされる地上の物とを分けるとは、

どういうことなのでしょう。

聖書では、神様もイエス様もよく「光」として描かれています。

神様から放出されるもの、いわば霊の波ともいうべきものを目にすることはできません。

しかし、夜と昼とを分かつほどのこの聖なるエネルギーが、

それを注がれる人たちに何を行うかというデータは数多くあります。

〈光の不思議さは、神による宇宙の神秘を指し示しています。〉

音

---

100 人編成のオーケストラの響き、合唱団 100 人の声の妙なる調和。
朝の歌声のような小鳥のさえずり。
赤ちゃんが最初に話す言葉。
これらの音にはみな私たちに喜びを与え喜びを引き起こす力があります。
こうした音色は、個人にとっても共同体にとってもなんと大きな幸せの原動力となることか。
しかしその音楽は、実は空気を揺らすさまざまな長さと音色の振動であって目に見えない波だけで成り立っているのです。
音波は、光の波と同じように見えないものの力を思い起こさせてくれます。
音楽も、話す言葉も、
単にあるパターンに織りあげられた音の波にすぎませんが、
自然の創造の不思議の一つです。
この不思議は、音声コミュニケーションという可能性の扉を開きます。

聞く耳のある人のために、
目に見えないお方からの神秘的なコミュニケーションとして、
「神の言葉」は訪れます。
聖書は「神の言葉」と呼ばれています。
イエスご自身が「神の言葉」と呼ばれています。
「言葉」は神の本質において確かに重要な役割をもっています。
言葉は音、意味を伴う音なのです。

〈美しい響き、意味のある音。これらは、神の語りかけの響きです。〉

霊

「霊」という概念を考えてみましょう。刻一刻と私たちが経験するもの——
感情、記憶、理性、想像、人格、等々
人間が持っている見えない資質、創造する力・愛する力を構成するもので
総称して「霊」と呼ぶものです。
霊は、人間の本質のまさに核となるものです。
不可解なことに脳に関係があるとしても、霊はまったく実体を持ちません。

そう、見えない霊が私の体の中にあるように
宇宙にも霊がある、力強い、創造と愛の霊が存在していると考えることは難
しいでしょうか。
この見えない本質は、実に神秘的で不思議なので
大文字の S で書かれます（the Spirit）。すなわち、聖霊です。
神学者パウル・ティリッヒは
「小文字の霊」と「大文字の霊」（人間の霊と、神の霊）の複合関係を強調して
いました。
私たち人間が自分の霊を大切にしないならば神の霊にも値しない、と
ティリッヒは深遠に語ってくれることでしょう。

〈人間の霊は、聖霊を理解する扉を開きます。〉

美の感覚

神を考察するにあたって
今まで私たちはもっぱら〈真理〉（認知的）や〈善〉（倫理的）に傾き過ぎたかもしれません。
しかし、美的な視点からのアプローチによって
神の理解が高められるのではないでしょうか。
神の〈栄光〉を賛美することについてはさまざまな神学的議論がありますが、
栄光とは、理屈や行動ではなく、美と歓びです。
栄光は、神聖なるお方に美の観点から近づけることを示しています。

すばらしい合唱や、オルガンや、交響曲
春の桜やハナミズキや、山の峰の雪の幻想的な美しさ——
こうした体験をする瞬間は、栄光が天から輝き降り注ぐようです。
こんなときは真理や善ではなく、美が「神の栄光」を現しています。
注意深く聴きまた見るならばそれに気づくのです。
美しいものによって感情が湧き上がったり、美しさに心がとらえられること、
私にとってそれは宗教体験にとても近いのです。

〈非合理であるが直感的な美の体験。それは、荘厳な神性を見せてくれます。〉

今ここでの出会い

私は、秋のやわらかな光の中を歩いていました。
真っ青な空、深緑のオークの木々、黄や赤に染まる葉
そしてその向こうには雪を頂く山々。
その瞬間、悟りを求めて祈りました。
神は何であり、どなたであり、どこにおられるのですか
この圧倒的な美しさのただ中で。
その時、突然直感しました。
今、ここで、このすばらしい美しさを胸いっぱいに吸い込もう。
ここで、今、神の栄光を私は体験しているのだ
私を取り囲む世界に示された神の栄光を体験しているのだ。
あなたは、このような体験をしたことがありますか。

美があるところに、神はおられます。
私たちが深く美を見出すすべてのものに
神はおられるのです。
神学書を読むよりももっとはっきり分かるのです。
まさにそこに、受肉の理を私たちは見、聞くのです。

受肉とは、
〈肉におられる神、物質世界の中におられる神〉。

「神の体」

著書 The Body of God の中で、神学者サリー・マクファーグが述べているように、

世界を「神の体」と考えると、神をどんなものと考えるかという見方が変わります。[11]

神が人間家族の一員のようになります。

宇宙は神が目に見える形で示されたものだと彼女は述べています。

宇宙を神の体そのものと見るとは大胆な比喩ですが、

確かに一理あります。

私たちは被造物全体が神ご自身を表していると理解します。

神は、物質の世界を通してご自身が知られるようになさっているのです。

人間の霊は体のどこか決まった場所にあるわけではありませんが

それでも霊は、体と分離することはできないその一部分です。

まして神の霊が宇宙万物から離れたものだと考えることなどできません。

〈私たちのこの世界が神の体だと認識するなら、私たちは神を絶えず意識することになります。〉

私はただ目を開き、言うのです。

「神はここにおられます。

私は慈しみ深い宇宙に抱かれています。

これが満ち足りたいのち、今、ここで。」

炎

聖書の 2 番目の書である出エジプト記に、すばらしい話があります。

シナイの荒れ野でモーセは神に呼ばれ、

イスラエルの人たちを、エジプトから解放するように言われました。

神は、燃える柴の中に現れました。

柴。それは荒れ野で最もよく見られ、これといった特徴のないもの。

この「燃える柴」の話は、神は最も予期せぬ場所で現れ、

まったく思いもよらぬことの中で、思いもよらぬときに語るということを意味しています。

この書には、神の姿は柴の間で燃えている火のように見えたと書かれています。

炎は熱く、力強く、制御できるものではありませんが

また同時にほんの一瞬のものでもあり、現れたと思ったら消えていきます。

炎をつかんだり捕まえたりすることはできません。

炎を見てみてもそこには何も物質的な実体はないように見えます。

でも、危険なほど熱い。

〈神もそうです。とらえどころなく、実体がなく、だが確かに「触れる」もの。〉

私たちはこの聖なる出会いの瞬間を、何度も何度も

捕まえ、留め、固定化しようとします。

つかの間の神がいる歓びを、形や構造といった枠に閉じ込めようとしてしまうのです。

私たちは神がここにいることを感じるけれど、それは消えていきます。

とらえることも捕まえることもできないのです。

悲しいことには、この世の組織は、教会さえも

必然的にあのすばらしい神の現存を妨げてしまいがちなのです。

太陽

朝の光の中、庭で気功をします。
両腕で空気をすくい
崇めつつ高く上げ
それから所作に従ってゆっくりと低くします。
天から恵みをいただくように。
こうして私は生き生きとした状態になります。
それから気功の動作を続けて、太陽の方を見ようとしましたが
太陽を直接見ることはできません。
直射日光で目が痛くなり、目が見えなくなります。

太陽は多くの恩恵を私たちに与えてくれます。
エネルギーの尽きることのない源であり、私たちを慰めてくれます。
しかし太陽を直接見ると、あまりに強烈で目がくらんでしまいます。
人間と神との出会いをなんとうまくたとえていることでしょう。

〈神のエネルギーと愛は絶えず流れ出ていますが、
その「源」は決して直接見ることはできません。
あまりに圧倒的ですから。〉

交じり合うエネルギーと霊

月明かりの夜にひんやりした空気を吸い

木立や空気、地面の中に心地よくさまよっているように感じ

他の星には生命が存在しているのだろうかと、ふと思うとき

私自身の自我という信じ難いほどの恵みも含めてこの自然の荘厳さが、

そのすべてのものが神の言葉を語っているのだ、これこそが神そのものなのだ、

という感覚に私は圧倒されます。

アインシュタインの時代から、すべての物質は本質的に非物質〈エネルギー〉

であるということを科学は見出しました。

驚くべき発見です。

原子、電子、クォークの驚くべき現実を私たちは学んでいます。

エネルギー、霊、聖霊。これらのどこに境界線を引くのでしょうか。

「神の粒子」が量子物理学で発見されるのでしょうか。

もはや隠喩を用いるのではなく、私の友人のように言ってみましょうか。

「神はダイナミックな現存としてすべての存在の中にあるのだ……

神はすべての物、すべての出来事のエネルギーかもしれない。」12

この意味においては、神こそがまさに全宇宙のいのちです。

人間の仕事は、この神のエネルギーを使って

私たちに与えられているエネルギーに

形と意味を与えることです。

セクシュアリティ

新約聖書に書かれた聖パウロの次の不思議な言葉を思い出してみてください。
「『それゆえ、人は父と母を離れてその妻と結ばれ、
二人は一体となる。』この神秘は偉大です。
わたしは、キリストと教会について述べているのです。」[13]
パウロは夫と妻の肉体的な結びつきをメタファーとして
神的な本質が、個々人とキリスト者の共同体の中に
埋め込まれていると言っています。
この関係は性的な関係になぞらえられるほどに親密なのです。
神的な本質が人間の意識と関係の中に入り込むのです。
それは哲学的比喩表現ではありません。
抽象概念でもありません。
聖パウロは肉について、そのあらゆる欲望と可能性について語ったのです。
深い関係と親密さがどれほど大きな働きをしうるかと語っていたのです。

〈これはきっと神の遍在の至高体験の一つのモデルなのです。〉

意識という神秘

おそらく、人間存在の最も深遠な神秘は
私たちが「意識」と呼ぶものでしょう。
植物界は成長が目に見えるといういのちの神秘によって存在しています。
動物界は「動きを持つ」といういのちの神秘によって存在しています。
自分が成長し動いていることを〈知り、かつ考える〉のは人間だけです。
意識とは、知・記憶の場であり
意志・想像・計画の場
愛・後悔・希望・感情・コミュニケーションの場です。
でも、その「場」を見たことがありますか。

さらに人間に特有で貴重な自我の一つに、良心があります。
善悪の認識・倫理観の場であり
自分、さらに世界をも、救いも壊しもしうる決断がなされる場です。
私たちは「これはみんな脳の働きだから」などと気軽に言ったりしますが、
脳のどこでしょう。
「前頭前野、前方領域、後方領域」などと言われます。
確かに、脳の模型でしわや灰白質は分かります。
けれどもさまざまな知的・霊的な働きが行われる、
その人間の意識で起こっているプロセス、ダイナミズムは、どこで起こって
いるのか、それは何なのかと問わなければいけません。

〈これは人間の神秘なのでしょうか、それとも聖なる神秘が働いているので
しょうか。〉

いのち

「神とはどなたであり、神とは何なのだろう」と再び問います。
〈いのち〉という概念自体について考えてみましょう。
メタファー以上のことを問うてみましょう。
「神は私たちが〈いのち〉と呼ぶあの神秘そのものということがあるだろうか。
人間のいのちはもちろん、動物の生命、植物の生命、
すべてのいのちそのものなのだろうか」と。
これは極端でしょうか。
極端かもしれません。でも、いのちという現象は、それ自体極端に理解不能で
科学でさえ理解できないのです。

キリスト者は、キリストにおける神の「受肉」について語ります。
神の受肉とは、神が人間の体をとって現れたことです。
イエスの独自性を損なわずに受肉の意味を次のように広げられるでしょうか。
神は人間の姿をとることができる、あるいは実際人間の姿をとっておられる。
つまり私という人間のいのちにおいて「体となられ」うるし、「体となられ」
ているのだ。
そして、森羅万象（全宇宙）のすべてのいのちにおいても。

私たちが「いのち」と呼ぶすべてのものが生まれ出ること
これはまことに理解を超えることです。
どんぐりが芽を出し、成長してついには大きな樫の木になること。
あるいは卵子と精子から人間が形作られ、DNAに司られて養われ成長し
細胞、筋肉、骨、耳や目等々ができ上がることは、なんという驚きでしょう。

〈いのちの深遠な神秘と多様性を、あたりまえと思うとしたら
それは単に私たちの感性が鈍っているか、無関心に陥っているかです。〉

「天の父」[14]

「天の父」という言葉は
おそらく神に対するキリスト者の「標準的な」表現と言えるでしょう。
聖書的観点から第５章で述べるので、ここでは先取りしないことにします。
しかし、キリスト教の伝統の中で広く使われているこの語句でさえも
実はメタファーであることを認めざるをえません。
神は本当は男性の人間で、人類だけでなくイエスの父となった人で、
その肩書どおり「天国」と呼ばれるどこかの物理的空間に今現在住んでいる、
などありえません。
そのような神は、私たちがここで捜し求めている神ではなくて、
人間の願望の作りものです。

皮肉なことに
文字通りにもまた実際にもそのように理解されている、この聖書にある「天」
と「父」という二語は
神という概念を形成する上で大きく影響してきました。
その考え方、つまり、神様とは天にいらっしゃる優しいおじいちゃん、
という概念に、私たちは疑問を投げかけています。
しかし実際、「父」という概念は
愛・力・配慮・知恵を象徴するものですし
そこからすべてのものが始まった源流や祖先を表しているのです。

〈「天の父」の語には深い意味がありますが、言葉はすべて隠喩です。〉

第3章
聖なる神秘としての神

　私たちは神について新しい方法で考えるこの本を、「神は……ではない」ということに焦点をあてるところからスタートしました。「あちら」にいる神という概念は誤っていると私が考えていることをこれまでかなりはっきり述べてきましたが、これからは肯定的に〈聖なる神秘としての神〉が意味するものに目を向けたいと思います。

　哲学の領域では、神の存在と本質について何千年もの間困惑して、なんとか解説しようと試みてきていますが、私はここでは哲学全体をわざと避けています。この個人的な本では、神の存在についての古典的な議論を検証したり批判したりするつもりはありません。[15] 私は多くの先生方や書き手に影響され励まされて、この章では私自身の探求、神様が私の肩にそっと触れてくださった体験、そしてそこから思い巡らしてきたことを分かち合いたいと思います。

神とは何か

私にとって、神は

見ることも定義することもできないが、いつどこにでもおいでになる「霊」
です。

神は絶えず創造し続け、造られたものすべてをいつも愛しておられます。

中でも人間を、この私のことも愛してくださっています。

しかし、この神を完全に定義し知ることは決してできません。

私たちにはこの聖なる存在を感じ、直感で知ることだけが可能です。

無条件の愛というその息吹を。

聖なる神秘

私は、何らかの神の「定義」が欲しくて日々探し求めています。

万人のための一般的な定義ではありません。

それは神を学問研究の対象にしてしまいますから。

そうではなくて私が欲しいのは理解です。

私が純粋に「霊的にまた真実に神を礼拝できる」ような満足のいく理解です。

これまであれこれ言葉をもてあそび、また苦悩して考えてきた結果、

図々しいかもしれませんが

私にとって神について率直に考え語らせてくれる次のような表現を

分かち合いたいと思います。

〈「神」は愛の中に隠れておられるあの聖なる神秘であり、

万物と人間のいのちが造られる過程で見出された。〉

あるいはこんなふうにも言えるでしょうか。

〈「神」は聖なる神秘。愛と創造の泉。〉

また別の表現で言えば

〈「神」は永遠の愛と創造の中から示される聖なる神秘。〉

こうした表現はラテン語が使われていた前の世紀を思い起こさせます。

〈畏るべき神秘と魅惑する神秘〉への畏敬に、

人を惹きつけ魅了する、聖なる神秘というまったくの他者への畏敬に

人間は立ち尽くしたのでした。

でもこうした表現はぎこちなく長いですね、少なくとも日常使うには。

日々の会話や祈りにも使えるような一語に短くできないでしょうか。

残念ながら、こうした思いや感情を伝えるそのような一語は見つからないのです、

GOD「神」という語以外には。

でも、人間の似姿であり宇宙を支配する全能の存在という一般的意味の「神」

という言葉、
私はそれを避けたいのです。なんというジレンマ。

こうした言語的な難しさをわかっていて、
それでも「神」という言葉を使うとき
この語には三つの意味があることを理解すべきです。すなわち、
人間によって作られた神、と呼ばれるもの
天のスーパーマンのような神、と呼ばれるもの
「聖なる神秘」の真の神
宗教的文脈で「神」という語を口にするとき、
この3番目の意味で語っていると意識することが私には大切なのです。

空間と時間を超えたお方

私たちが知っている被造世界、またその中の人間のいのちにいちばんはっきりと備わっている特徴は、それが〈時間と空間〉という限りの中で創られていることです。
ちょっと考えてみてください、
この二つの「当然なもの」から離れて存在する自分の姿を想像できますか。
あなたが生まれた時があり、あなたが死ぬであろう時があります。
あなたの体が占めている空間があります。
あなたと隣の家に住む人との間に、あるいは、あなたと南アフリカとの間に空間があります。

しかし賢人たちや宗教は、〈永遠の〉神について、
また「天に」おられるが、かつあらゆるところにおられる神について語っています。
言い換えるならば、神は時間や空間に制限されるものでは決してないと考えています。
確かに、神が人類とは真に異なるなら
これこそがまさに神々と真の神との違いなのです。
神は、まったく異なる秩序に属しておられます。
同時にどこにでも存在することができ
始まりも終わりもありません。
もし神の本質が人間には理解しえない秩序の中に隠されているのならば
私たちにできることは
この圧倒的な「神秘」を畏れつつ、ただ立ち尽くすことだけです。
私たちの教義は、よりあいまいで
より謙遜で、神への畏れに満ちたものであるべきでしょう。

「存在そのもの」である神

パウル・ティリッヒ以降、
神は「一つの存在」ではなく、「存在そのもの」
と多くの人が言うようになってきました。[16]
たとえ大文字にして書いても、「一つの存在」という表現は
神を他の存在の中の一つに矮小化してしまいます。
他の存在物の中の一つであるなど、それはまったく神とは別物です。

「存在そのもの」とは、
言い換えれば神は究極的普遍的存在であると宣言するということです。
人間が想像しうる全世界のあらゆるものを超えているのが、神なのです。

もし神が「存在そのもの」であるなら
すべてのものの中に神はおられます。
全被造物を成す物質の原子すべてのうちに、おられます。
もし神がそのように存在するのなら、
好むと好まざるとにかかわらず、私は既に神の中に存在していることになり
ます。
神の息は私の息、神のいのちは私のいのちなのです。

「万有内在神論」とは

神は世に内在し、世は神の中に内在している。

これがいわゆる「万有内在神論」の中心的な考えです。

このように信じるなら、すべてのものは神のための器として存在しているのだと実感できます。

これは伝統的なキリスト教概念「彼方にいる神」と対立します。

万有内在神論では神は万物の中におられ、かつ万物を超えている方と理解します。

また、この世界を神の一部分であると理解しますが神のすべてであるとは理解しません。

それは、物質的な世界を神と同一視する汎神論とは異なります。[17]

万有内在神論の基本的思想は、現代の神学形成やキリスト教伝道に大きな影響をもたらしました。

そして、私自身が神を意識する上でも強い影響がありました。

それは、日々幾度も、神への意識的な気づきを私にもたらしてくれます——私の中で、私の周りで、私の下で、私の上で、そして私と隣人との間に。

慈しみ深い全宇宙である神

人間の能力のうち最高のものは自己意識です。
被造物はその造り主を超えることはできないので、
聖なる神秘のお方も、またある意味、自己意識を持っておられます。
この自己意識の中で最高のものは、愛し愛される体験です。
ですから神もまた、愛し愛される方に違いありません。
具体的にどうやって私たちはそれを知ることができるのでしょうか。
神が私たちを愛しているとはどういう意味でしょうか。
イエスのことはとりあえずわきに置いて、私自身の証言をお伝えいたしましょう。

神が愛し愛される力をお持ちであることに自分の心を開いていると、
圧倒的な、慰めのペルソナの現存に触れます。
そしてこの現存は、内的平和と創造力そして希望のうちに生きるようにと
私に力を与えてくださるのです。
心を開いていると、自然界の創造の力が海のように流れ込む感じがします。
万物のいのちを生かし続け、私を十全に生かしてくださっている力、
すべてのもの、すべての人に向かって注がれる愛を感じます。
慈しみ深い愛の世界に包まれていることを感じます。
美しさと潜在力に溢れている世界です。
「慈しみ深い全宇宙」とはつまり「神は愛である」という言葉を言い換えているのではないでしょうか。

神はいずこに？

シカゴのアドラー・プラネタリウムの天文ショーを見ている時、
突然強い宗教的な感覚に満たされました。
創造主の神秘さをいっそう深く感じました。
キリスト教の神は
時空を超えたはかり知れない広大な空間の「どこか」にいる存在ではありえ
ない、
そのことははっきりわかりました。
でも、そうであるなら、そしてもし神が確かに現実であるなら、
〈この宇宙のどこに神はおられるのでしょうか。〉
人間の霊魂と一つになった神、という神秘論がその答えでしょうか。
あるいは、天におられる全能の存在という伝統的な人格神論が、答えでしょ
うか。

私にとって神の基本的な神秘とは
内在と超越が同時にあるということです。
宇宙の神であり、同時に私の心の神。本当に遠く離れていますけれど。

でもこの点において、マイスター・エックハルトの言葉は真実だと感じてい
ます。
「神の本性の輝きはことばでは言い表せない、神はことばであり、言い表せ
ないことばである。」[18]

「より以上のお方」としての神

ウォルト・ディズニー・コンサート・ホール[iii]でモーツァルトの『レクイエム』
を聞いて
深く心を動かされました。
感動的な美を体験するとき、なぜ私たちは本能的に賛美の声を上げるのでしょ
う。
苦悩のとき、なぜ祈らないではいられないのでしょう。
大いなる美を前にして、また大きな苦しみにあって
自分自身の能力の限界をとっさに知ってしまうからではないでしょうか。
どちらの場合も、理性がその経験を説明できない時なのです。
そんなとき私たちは、
理性を超え私自身を超えた
何か「より以上のもの」に駆り立てられるのです。
この言葉は心理学者ウィリアム・ジェームズによるもので、
神学者マーカス・ボーグがしばしば使っています。[19]

この「より以上のもの」という体験に私たちはどのように反応するでしょう。
私たちはそれを魂を揺り動かす何か、言葉にできない畏れ多いものと感じま
す。
神は日常体験の「より以上のもの」よりはるかに偉大ですけれども
ここがスタート地点です。
すなわち私たちが五感で知る以上のことが
生きているならばあるということ
本能に従うことでよりよく知ることができる
と認めることが出発点なのです。

「他者」としての神

深い悲しみや絶望のとき、「共にある神」では十分ではありません。
神が私の内面の弱さや不安の中に染み込んでくるのです。
そんなとき私は超越の神にしっかりしがみつくのです。
私が勝手に思い描く闇を超えた方に。
いにしえの声が語るように「私の岩、私の逃れ場」「力ある砦」である方。
「天にまします我らの父よ」と祈るようにと教えてくださったのは、
ほかでもないイエスその人でした。
「父」とは人間の命の起源であり、生成された方であり、創り主であり、創
造の力です。
それは、善に向かって一人ひとり個別に意識的に働く力なのです。[20]

この神は、私の自我の弱い部分として心の内に宿っているような
単なる慰めの存在ではありません。
この方はまったく「他者」であり、
私が願い求めるときに救いの手を差し伸べる方です。
私たちは再び聖なる方という究極の神秘に向かい合います。
内在しかつ超越するという、究極の神秘に。
この神秘は「いのちよりも広大な」慈しみの御力。
良いものを絶えず、弱く不安定な私の自我の中へと注ぎ込んでくださる
慈しみの御力。
この大いなる「他者」は、私の中で「より以上のお方」になるのです。

聖なるお方としての神

主の祈りの最初の語句は、私たちが祈りを捧げる神についてヒントを与えています。
私たちはこの祈りの中で何か特定のことを神に頼んだり感謝したりしません。
この祈りは
一生懸命お願いさえすれば贈り物や祝福を差し出してくれる
優しいお空のおじいちゃんのように神を描いてはいません。
そのような描き方は神を侮るものです。
神は贈り物好きなおじいちゃんよりもはるかにまさっているお方ですから。

この祈りの最初の一文は「御名が聖とされますように」です。
この少し不思議な「聖とされますように」という語は
神が神聖であることを思い起こさせます。
神を畏れ敬う心を引き出します。
神秘的で、超越的で、崇高で、
森羅万象の数々の神秘を思い起こさせます。

今日の世俗世界では神秘あるいは聖なるものへの感覚を失ってしまいました。
テレビ・スマートフォン・新聞は、不必要な情報を絶え間なく流して、
私たちを消耗させています。
宗教についての話の中でさえ、聖書や聖礼典や伝統を知的に分析してみよと
そそのかされます。
聖なるものに向き合う畏れという静かな体験にひたるためには
どこに逃げればよいのでしょう。

聖なる感覚とは、真の宗教的経験のまさに中核をなすものです。
倫理・道徳・美・生を称えること、

これらは宗教に似たところがあります。
しかし宗教がこれらと異なるのは
崇められるべき御名のお方の前で、
また聖なる神秘の前で
畏れる気持ちを何にも先んじてだいじにすると気づくことにあります。

霊に目覚めて

聖なるものあるいは霊的なものという概念は
キリスト教を含む多くの宗教で中心的なものです。
私たちのあらゆる思考と行動に究極的な意味を与えてくれるのは
あの「他者」なるお方、あの見えない「より以上のお方」、魂の王国なのです。
でも、聖なるお方に気づかずに
人生をずっと過ごしてしまうこともありますし
聖なるお方を無視したり反抗したりすることもあります。
だからこそ、主の祈りで「御名が聖とされますように」と
また十戒で「わが名をみだりに唱えてはならない」と
共にその始まりに置かれているのです。
これらは招きの言葉であり、次のように伝えているのです。
「あなたの周りの霊的世界に目覚めなさい、
軽くあしらってはいけない。
あなたを取り巻く神秘に気づきなさい。
あなたに与えられる聖なる御言葉を敬い、称え、そして聞き従いなさい。」

神は人格があるか

神の存在の宇宙的次元を探究する人たちには、一つの疑問がいつも付きまとっています。それは

神は人格を持つのかということです。[21]

私たちは人間的存在として人格がある神を願いますが

「神秘」と表現するのが最もふさわしい方に、はたして人格があるのでしょうか。

万有内在神論は、次のように意味深い視点を示しています。

すべての中に神がおられ、同時に神の中にすべてがある。

でもそうした神のことを考えると分からなくなってしまいます。

すべての物とすべての人に内在するような神が、いったいどうしたら人格を持ちうるのでしょうか。

神の人格について考えると伝統的有神論の枠組みに逆戻りしてしまうように思われます。

すなわち、神は聖なる慈しみ深い存在であり、私たちを見守り、時に私たちの祈りに応える。しかし時には応えてくださらないこともある存在。

神は「人」とも「超人」とも決めつけることはできないお方なのです。

とはいえ、直接であれ間接であれ、もし神が真に私たちの創造主であるなら

神は人格をお持ちに違いありません。

なぜなら、私は自分に人格があると知っているし、

被造物は創造主以上ではありえませんから。

このような神はまことに「神秘」です。

私たちにできる最も意味のあること。

おそらくそれは、創造主の神秘に自分の人格をゆだねることでしょう。

イエスと「お父さん」[22]

どのように神に呼びかけましょうか。

神秘主義に親しんでいる人には神秘な方への礼拝ということで十分満足かもしれませんが、

多くのキリスト者は「神」を表す言葉として、

「全能なるお方」「創造主」「主」「王」などの名称を好んで使っています。

でもまず、イエスが神をなんと呼んだか知ってみませんか。

私たちにとって参考になるはずです。

びっくりしないでください。イエスはこの聖なるお方をずばり自分の「父」と呼びました。

英語で「父（father）」と訳されている語に目を向けてみましょう。

それは

アラム語のアッバ（abba）です。

（イエスはギリシャ語でなくアラム語で民衆と話していたと考えられています。）

重要なことですが、このアッバ（abba）という言葉は緊密な親しさを表すものです。

ギリシャ語の pater（父）よりずっと親しみのある言葉で

英語の father よりもくだけた言葉なのです。

papa（パパ）や daddy（お父ちゃん）に近いと言えます。

いったいどうやって、非人格的な存在（神秘）ときわめて個人的な存在（パパ）を同列にできるのでしょうか。

神の本質を一つのカテゴリーに無理に当てはめようとすれば

私たちは間違いを犯す、とだけは言えるでしょう。

境界がないものに境界線を引こうとしたり

描写できないものを描写しようとしたり

常に謎であるものを分析しようとしたりしても

間違いを犯すだけなのです。

「お父ちゃん」あるいは「パパ」についての良い思い出がある人たちにとっ
ては、
これらの呼び名が、しっかりした安定感や深い慰めをもたらすものであるの
かもしれませんが。

神、父であり源である方

イエスが神を「父」と呼ぶ深い意味が突然ひらめきました。

なぜ父、あるいは母なのでしょうか。

両親というものはいのちのもとであり

生まれた子を愛し慈しみ育てる人であると私たちは知っています。

イエスは神を愛の源であると知り、大切にしてくださる方として心から信頼していました。

私の同僚が臨死体験についてレポートを書きました。

記録によるとその多くは「家に帰る」体験であると結論しています。

それは根源となる場所へ帰郷するという意味なのです。

現代人が自分の祖先を捜すように、自らの根源を捜し求めることなのです。

永遠なる根源のお方への畏敬のうちに立ち尽くし、

その源から流れ出てくる

慈しみに満ちた父あるいは母の愛を感じるのです。

一人ひとりが神を見出さなければならない

人は一人ひとり自分の究極的意味を見出しうるし、
そうしなければならないという考えは
異端なことでしょうか。
また私たち一人ひとりが、聖なる神秘への自分自身の道を見出さなければ
と考えることは異端なのでしょうか。
神秘である方の実存的意味を見出すということは
研究したり、書物から「正しい教義」を学んだりすることとは違います。
個々人が深く自らを省みて、
虚無主義の暗い谷間を抜け、痛みをもって苦しみぬいた、
その後になってようやく見出せるのです。
そしてそれは〈恩寵の賜物〉として思いがけず与えられ、私たちを驚かせる
のです。

あなたにとって「神」が何であるのか、私には分からないと思います。
そして、私にとって「神」が何か、ということもあなたには分からないと思
います。
神秘の声は一人ひとりに、その人だけに分かる声で語りかけるのです。
信徒たちは式文や礼拝で共に伝わるものを見出そうと望んでいるのですが。

もし神性とは聖なる神秘の本性そのものであると分かったなら
神学の教義はもっと違う表現で言い換えられることでしょうし、
教理学の授業は、もっと聞きやすくなるでしょう。
説教は学問くさくなくなり
神への畏れを秘めた詩人の歌のようになるでしょう。

容易ならざる問い

なぜ人は中年の働き盛りに脳腫瘍で痛ましい死を迎えるのでしょうか。
なぜ、敬虔な巡礼者たちが飛行機墜落事故で突然死ぬのでしょうか。
なぜ、赤ちゃんが身体や知能に障がいを負って生まれるのでしょうか。
深い苦悩のとき、私たちは苦しみと悪の思いに追い込まれます。
心悩ます不可解な問いに直面するのです。
もし神が全能なら、どうしてこんな悪が生じるのを許しておくのでしょう。

祈りゆだねさえすれば神は祝福して必要なことをすべて整えてくださると
人々に教えるのは、誤った約束です。
こうしたことは人々を神と教会から遠ざけてしまう要因の一つです。
これらの疑問に対して神の名を用いたり、「神の御旨です」とか「神は何が
最善かご存じです」などと言うのは無意味なことです。
確かに、ある人たちにとってはこのように言うことが苦しみへの慰めとなる
ということも認めなければいけませんが。

唯一妥当な答えは「分からない、私たちには分かりえない」だと、私は思う
のです。
私たちが生まれたこの世界においてこのような出来事は「前提」なのです。
何であろうが、何が起きても、それが私たちの「前提」。
もしそれが良いことなら、最大限に活用すれば生に意味を与えます。
もしそれが悪いことなら、最大限に善処することで生に意味を与えます。
どちらの場合であっても、人がいかに心を開くかによるのです。
聖なる神秘はそこにあって
人生のあらゆる出来事に〈意味〉を見出す中で慰めと希望を与え続けている
のですから。

最も深い神秘

砂漠の広大な空虚を見つめて考え込んだことがありますか。

「そもそも人間はなぜ存在するのだろう。」

「そもそも宇宙はなぜ存在するのだろう。」

そこに何か世界や人間のいのちがなければならないということはありません。

単に、ビッグバンで生じた火花から、何十億もの銀河からなる宇宙を造り出した無作為な進化の過程にすぎないのでしょうか。

でも、誰がその火花を点火したのでしょうか。私の意識の源は何なのでしょうか。

すべては結局虚無主義的ないたずらにすぎないのでしょうか。

あるいは「聖なる神秘」があるのでしょうか。

知りうる存在すべてに先立ち、それを超え、またそのうちにあり、

その前では私たちは黙して頭を下げる他にないような「神秘」が。

私たちは、単なる謎、

つまり日々説明できない不思議なことが生じるときに遭遇するような、

そういう「謎」のことについて語っているのではありません。

そうではなくて、私が聖なる神秘と表現しているものは、宇宙的な広がりを持つのです。

まことに聖なるもの、畏敬の念を惹き起こす存在を指しています。

聖なる神秘は通常の手段では知ることはできません。

不可知の神的概念なのです。

第4章
三つの顔のある神？

　最初期より、キリスト教の中心的な信仰は受肉の出来事を宣べ伝えること
にありました。つまり、イエス・キリストという人が神となること。その結
果としていわゆる「三位一体」信仰が生じたのです。それゆえ一人のキリス
ト者として、私は、神の本質を考えれば考えるほど、この三位一体という概
念を真剣にとらえる責任から逃れることができないのです。

　そして続けて思い巡らすのです。なぜ、神が三位一体の「1番目」すなわ
ち全能の父であると伝統的に呼ばれることをキリスト者は理解するように
なったのか。またイエス・キリストが三位一体の「2番目」つまり「神の子」
と呼ばれることを理解したのか。そしてキリストの霊が「3番目」としての「聖
霊」であると理解するようになったのでしょう。

　この問題は数えきれないほどの神学書で論じられてきました。しかし、三
位一体への学術的アプローチは、多くの場合私たちをより豊かな神の神秘の
理解へと導くのではなく、結局のところ単に知的な混乱に陥らせただけでし
た。私は、再び私自身の経験をもとにして、神を「三つの人格」に分けてし
まうことなく、私たちの知る神のみわざのすばらしさについて考えようと思
います。

三位一体、それは何か

キリスト教のシンボルとして使われている三角形を見て
不思議に思ったことはありますか。
教会によっては聖壇の布や説教壇の掛け布に描かれていますね。
この三角形のシンボルには歴史的・神学的根拠があるのです。

キリスト教は「三位一体の神」を信仰しています。[23]
いのちの、すべてのいのちの造り主である「父」。
分け隔てのない愛を表し示すイエス、すなわち「子」。
神の霊を被造物すべてと分かち合う「聖霊」。
これら三つはすべて最高の神秘です。
いのち、愛、霊。これらは普遍なものですが
三位一体において具体的に明らかにされます。
三位一体は実体的また聖書的に神を表現する言葉として用いられてはいませんが、
キリスト教界全体で使われている用語です。

リチャード・ロアは三位一体について、次のような簡潔で洞察に満ちた表現
をしています。
父　　——　広大無辺（immensity）
子　　——　内在（immanence）
聖霊　——　親密さ（intimacy）

えっ、三つの顔の神ですか

「三位一体」が意味するものは
神は、結局は誰か人間のような姿をしていて
一つでなく三つもの顔を持っていて
宇宙の中でさまざまな役割を持っている、ということでしょうか。
それでは「三位一体」の概念はおかしなお芝居のようになってしまいます。
何千年もの間、宗教思想家たちは
神という難問を理解しようと努力してきました。
イエスの本性を理解しようと探求する中で
２〜３世紀のキリスト教「教父たち」は、神の本性を解釈する鍵として
私たちが今日「三位一体」と呼ぶ教義に落ち着きました。
私的簡約版神学で述べるならば
教父たちが言わんとしていることは
聖なるお方には三つの別個の機能がある、
つまり神のみわざには三つの面がある、ということです。

教父たちはその三つの〈顔あるいは仮面〉を表すためにラテン語で〈ペルソナ persona〉という言葉を使いました。
それは英語では person と訳される言葉です。
三位一体というときの persons は、残念ながら三つの区別された個体を指すというように誤解されてしまいがちです。
しかし実は、それは三つの顔すなわち聖なる存在の三つの特性を示すという意味だったのです。つまり、
万物の超越的創造主としての、父なる神。
歴史の中に現れた神性としての、御子イエス。
人間の生に今もいつもおられる神の内在としての、聖霊。

神とイエス

子どもたちは、あるときは神様に祈りなさいと言われ、あるときはイエス様に祈りなさいと教えられます。

それでいいのでしょうか。

この本では、神の本性に焦点を当てています。

どんな信仰の人にとっても、そこがふさわしいスタート地点です。

なぜなら、そのほとんどの人がそれぞれのやり方で神を慕い求めていて

何らかの神的存在のない宗教は考えられませんから。

しかし、キリスト者の信仰の中心であるのは、あのイエスという人です。

神の御子と称えられる、このユニークな人をどう理解したらよいでしょうか。

イエスは神とどのような関係なのでしょうか。

多くの神学者は、イエスについてかなり単純な見方で片付けています。

すなわち、イエスは目に見える形をとった神である――終わり。

多くの「リベラルな」神学者たちも、長い間同様に単純にとらえてきました。

つまり、イエスは普通の人であり、正義の人であり、知恵ある偉大な教師であった、と。

神については慎重な無神論者の中にも、イエスを称賛する人は多くおり、イエスの信奉者さえいます。

『神は妄想である』を著したリチャード・ドーキンスも、

「イエスに賛成する無神論者たち」という題の論文を書いています。[24]

伝統的正統派は、イエス・キリストの人間かつ神という本性を、

頭がこんがらがるような表現で述べています。

たとえばアタナシウス信条ではこのように。

「神であるというのは、すべての世に先立って父の本質から生まれたことであり……

神性にしたがえば父と等しく、人性にしたがえば父より小さい。
神であり人であっても、ふたりのキリストではなく、ひとりのキリスト
……」[25]

しかしイエスは、他の神々より力があると示すために宇宙から送られてきた
地球外生物ではありません。
イエスを信じるということは、神がこの世界において数えきれないあり方で
受肉したもうということを、ただイエスにおいてのみ信じるというのではな
く、その胸躍るような受肉の可能性を信じるということに他ならないのです。

イエス、神の言葉

教会学校の子どもたちがイエス様は神様だと歌う小さな歌を何回聞いたこと
でしょう。[iv]

イエスは神ではありません。聖書には彼が神だとは書いてありません。

単純にイエスを「神」と呼ぶと

イエスを複数の「神々」の中でのもう一人の神と規定してしまいます。

聖書ではイエスは神の「言葉」、あるいは神の「子」と称しています。

これは〈ロゴス〉（ギリシャ語で「言葉」の意）としてのイエスを指しています。

つまり、神の本性を意味するのです。

イエスの生涯は、神の何を表しているのでしょう。

広い意味での癒やし、すなわち事物をあるべき姿に再び戻すことが

すべての被造物、特に人間に対する神のご計画であるということ。

ご自分のいのちを他者のために与え尽くしたイエスを手本として

すべての人に愛を示すことが人間の真の生き方であるということ。

そしてまた人間の真の生き方は

人間家族が用い楽しむようにと神から与えられた被造物全体の

忠実な世話人であり管理人であれ、ということ。

イエスは言葉によって教えてくださる先生でしたが

それよりもさらに力強く自らの生き方によって教えてくださいました。

すべての人に対する分け隔てのない愛の生涯によって

偽りなく謙虚に神と共に歩むことに捧げられた生涯によって

教えてくださったのです。

信仰者にとって、父祖たちの信仰を記述した歴史的な諸々の文書の分析にエ
ネルギーを費やすよりも、今、私たちが確かに知っていることに集中する方
がふさわしいのです。

それがこの明らかで実践的な御言葉という歩むべき道です。

イエスを定義するなんて無理

イエスは疑うフィリポに言われました。
「わたしを見た者は、父を見たのだ。
……
わたしが父の内におり、父がわたしの内におられる……」[26]
私たちはこの言葉が途方もないことだと思いがちです。
全能なる天のお方が、超自然的存在としてイエスの姿を取って、
物理的にこの地球に侵入してくるのを想像してしまうからです。

でもそれとは視点を変えて言ってみましょうか。
イエスは言われました。
「私を、このリアルな肉と血でできた人間である私を見るあなたは
神の人格を生きて現している人を見ているのだよ。
私の生き方を見れば神の生き方を見ていることになるのだよ。
私についてきなさい。そうすれば神のなさり方が分かるから。」

しかし、その続きは逆説的です。
教えてくださったようにイエスのペルソナ（人性）が私にもあるのだと考えるとき、私は思い知るのです。
イエスが私をはるかに超えている人であり、
どんな人よりもはるかに超えているということ、
そして存在において言葉において行動において、はるかに超えているということ。
どんなに熱心に霊性を探し求める人でも、
神をはっきり示すことができないのと同じように、イエスを〈定義〉することはできないでしょう。

新しいキリスト論

神が「存在するお方」ではなく、広く満ちわたる聖なる神秘であるととらえてしまうと

キリスト論（イエスについての教え）は行き詰まってしまいます。

正統派信仰は三位一体（父、子、聖霊）を説き

神は御子を天から地に送ったのちに天に連れ戻したと言っていますから。

神についての新しい概念は新しい「キリスト論」を必要としています。

イエスのペルソナ（人性）は、これまでいつもキリスト者にとって謎だったのですが。

イエスの受胎・誕生・洗礼の時「存在論的見地から」いったい何が起きたのか私にも誰にも分かりません。

僭越（せんえつ）ではありますが、ここで、どこへ向いて進めばよいか私に提案させてください。

イエスは明らかにほんものの人間でした。100％、人間でした。

イエスを唯一無二にしたのは、

神の存在に対して完全に心を開き

心の奥底から神の御言葉に完全に従順だったことです。

ご自分のいのちの始まりからその生涯を通して、

神の御心となさり方にご自分を完全にゆだね

神と一つになられるまで完全にご自身を捧げ尽くされたことです。

イエスは、権力者たちに真実を語り

ご自分がご覧になった神殿で行われていた宗教儀式の偽善性を暴きました。

このような生き方と行いのために当局者たちに嫌われ、

ついには十字架という残酷な方法で殺されてしまうのです。

しかし、イエスの後についてきた人たちは、イエスが殺された後でも

イエスの現存を体験したのです。

この人たちは、イエスの死からの復活を体験し

この復活された神秘のペルソナを「生きるキリスト」と呼ぶに至ったのです。

そうです、イエスはたぐいまれな唯一の人、すなわち神の独り子なのです。

イエスを信じるとは……

「イエスを信じなさい。そうすれば救われます。」
キリスト教世界でこれよりも多く口にされる言葉が他にあるでしょうか。

しかし実際、この言葉はいったい何を意味しているのでしょうか。
私たちが信じるものだと思われているこのイエスという人は、
どんな人だったのでしょうか。
よく言われるようにイエスという人は
罪に対しての神の怒りがなだめられ私たちが御国へ行けるようにと
そのいけにえとしてご自身を捧げるために世に送られたお方なのでしょうか。

保守的キリスト者の多くは、今日そのように信じていますし、
私もこれまで長いことそう信じていました。
しかし私は今、イエスの生と死の物語全体を異なった見方でとらえています。

ガリラヤの人であるイエスは、
ご自身が洗礼を通して完全に神のみに生きる者として選ばれ
この世で愛と癒やしの聖なるわざをなすよう選ばれたことをご存じでした。

ですから、「イエスを信じる」とは、
イエスと一緒に信じることなのです。
神は本当に生きておられ、愛しておられるお方であるということを。
そして、神は私たちの間に生きておられ、
人間のドラマへ絶えず関わってこられるお方なのだということを、
イエスと共に信じることなのです。

「イエスを信じる」とは、

神は「受肉」可能な神である、と信じることです。

神は、霊的なものを物的なものにもたらし、

神性を人間の体に、そうです、あなたや私のような人間の体に注いでくださるのだ

と信じることなのです。

歴史上の神秘、神秘的な歴史

伝統的キリスト教神学によるとイエスは人間であり神でありました。
そうだとすると、イエスは人類の歴史の一部であったことになりますが
その神性については謎です。
神秘の世界と歴史世界というまったく異なる世界を表しているとすると
「神でありかつ人間」とは、どうすれば道理に適いうるでしょうか？
これは大昔から答えのないジレンマです。
大量のキリスト論が書かれてきました。

ごく簡単に言うなら、ともかくキリスト者は
イエスにおいて永遠の神秘が歴史的現実となり
歴史上のイエスが永遠の神秘を体現化した、ということを信じているのです。
後の残りは謎です、少なくとも今は。

歴史的イエス、宇宙的キリスト

神学者たちはしばしば「歴史的イエス」と「宇宙的キリスト」を区別します。
イエスは歴史的現実でしたが、キリストは今や宇宙的実在です。
歴史的なイエスの姿は、伝記作品である四つの福音書の中に描かれています。
宇宙万物のキリストという概念は、
特に新約聖書のパウロの著作に見出されますが、
イエスの異なる姿を示しています。

福音書は当時のパレスチナでの「十字架以前」のイエスの生涯とそのみわざ
についての物語です。
パウロの著作は、福音書の最後の部分も同様ですが
それとは異なる「復活後」のキリストを示しています。
復活後のキリストは歴史に縛り付けられるのではなく、宇宙全体の万物の霊
です。
特にコロサイの信徒への手紙とエフェソの信徒への手紙において
パウロは最も崇高で宇宙的でかつ詩的な表現でキリストを伝えています。
共観福音書（マタイ・マルコ・ルカ）での地味で苦悩するイエスとはまったく
異なる姿です。
「宇宙的なキリスト」も「聖霊」も共に、神を現代世界における霊的存在と
して宣べ伝えています。

十字架の犠牲再考（1）

特に復活祭前の四旬節の間、キリスト者はしばしば
キリストがはりつけにされた十字架のことをじっくり考えるものです。
十字架上で何が起きたのか。
なぜ「御父」は「御子」を殺されるがままにされたのか。
中世の大司教・アンセルムスに起源をもつ「刑罰代償説」というものがあります。[27]
それはこんなふうな説です。
人があまりに罪深いので、
善である神は罪人への怒りと罰を必ずあらわにされる。

歴史を通して
ユダヤの人たちはエルサレムの神殿に犠牲として動物を捧げていました。
こうした犠牲の中には、犯した罪への赦しを得るために
裁く神をなだめようと捧げられたものもありました。
しかし結局、神は完全な犠牲として十字架で死ぬようにと
その御子を送りました。
動物の犠牲に完全に代わるものとして
また、罪深き人間という犠牲に完全に代わるものとして。
これを見て神は満足され
「イエスを信じる」人たちに赦しを与えるでありましょう。

こうした考えは今日の教会にまだ浸透していますが、
今や「十字架の犠牲」の意味を考え直す時です。
愛という名を持つ神が
ご自分の怒りを克服し人類の罪を赦すために
ご自分への犠牲としてその「御子」を殺す必要があったなどと

どうして考えられますか。
これは変わらぬ愛である神への信仰を貶（おとし）めるものであると
はっきり示す必要があるようです。

十字架の犠牲再考（2）

そこで私たちがイエスのむごい苦しみと死へのアプローチとして、刑罰代償説に納得いかないなら
この一見敗北と見える十字架の死を
イエスの時代の人たちがどのようにとらえていたか、見てみましょう。
それから最後に、代わりの考え方をお分かちすることにしましょう。

まずだいじなことですが、イエスとイエスに従った人たちはユダヤ人でした。
動物の犠牲を供えることが神殿での礼拝に欠かせないユダヤ教信仰が
徹底的にしみ込んでいる人たちだったことを思い起こしましょう。
ですからイエスに従ったユダヤ人たちが、
自分たちの師の死は、儀式上捧げられる犠牲の荘厳な頂点であり
そのあり方全体をひっくり返すものだ、と受け止めたことは
不思議なことではありません。
メシアであるイエスは殺されました。
イエスに従った人たちは、
イエスがこの行為において
神と人の間の「古い契約」を終わらせ
ご自分のいのちと死に基づく「新しい契約」を始めようとしている、
と見たのです。

さて次に、この死は確かに犠牲でありました。
しかしそれは神へではなく、人間に対して捧げられたものでした。
イエスは十字架に架けられました。
それは、ご自分の生涯のすべてをかけて
当時のユダヤ教が陥っていた律法への些細なこだわりよりも
もっとよい生き方を人々に示すためでした。

ユダヤ教を改革しようとする断固たる決意によって
イエスはその宣教の最初から権威者たちとの対立を免れませんでした。
対立はますますエスカレートし、ついには殺されました。
この犠牲の意味するものは明らかです。
イエスはすべてを、ご自分のいのちでさえ、犠牲にされたのです、
よりよい生き方を人類に体現するために。
たとえそれが結果として死を意味しているとしても
完全な献身を通して、神に真に誠実である道を示すために。
イエスはすべてを捨て
そしてそのようにすることによって
人間に対する神の深い愛、犠牲を伴う愛を示されたのです。

キリスト教は排他的か

ある時イエスは言いました。
「わたしは道であり、真理であり、命である。
わたしを通らなければ、だれも父のもとに行くことができない。」[28]
歴史を通じてこの言葉によってキリスト教は排他主義だとされてきました。
この言葉が、キリスト教以外のあらゆる宗教は破壊に至るだけだという意味
を含んでいると思わせるからです。

別の見方をしてみましょう。
まず念頭におくべきことは
この言葉が、比較宗教学や神学の講義の中で発せられたのではなく
会話で話されたものであることです。
では、どんな状況での会話だったのでしょうか。
この言葉は、普通の漁師や村人に語られたものでした。
彼らは当時「偽預言者たち」によって迷わされていたのです。
そしてまたこの言葉は、儀礼的には熱心だがその内側は腐敗している祭司や
律法学者たちに対しても語られたのでした。
イエスの「わたしを通らなければ、だれも父のもとに行くことができない」
という言葉
それは、イエスご自身の神と共にある謙虚な歩み、
モーセの律法の精神に従う勇気。
たとえ激しく反対されても、
イスラエルの預言者たちによって教えられてきた
正義の道に従う勇気。
そういうものと、
イエスの周りの私利的でよこしまな、ユダヤ教の真の精神を貶める宗教指導
者たちとの違いを際立たせるものでした。

偽善的な律法学者や、

大衆を実際には迷わせていた偽預言者に真っ向から反して

イエスは宣言するのです。

「わたしが道だ。

あの堕落した教師の後に従ってはいけない。

あの人たちは誰もあなたを神へと導かないから。

誠実・謙遜・愛の、〈私の〉道に従っておいで」と。

聖霊降臨

この章では、神性を構成する父・子・聖霊の三位一体の考え方に焦点を置いていますが、

「聖霊」についての長い論議は、あえて避けています。

教会の人たちは、次のように都合よく聖霊を位置づけています。

復活の出来事の約1か月後

「五旬祭（ペンテコステ）」と呼ばれるユダヤ人の祭りの時に

使徒たちの上に炎となって降ったのが聖霊。[29]

イエスは去っていかれた後に聖霊を送るという約束をしてくださいました。

聖霊は確かに送られてきました。

そしてキリスト教会として知られるようになった群れの「誕生日」を示したのです。

この出来事と同じくらいシンプルではっきりしているのは

神はペンテコステに聖霊を送り、それ以来ずっと聖霊は教会のいのちとしてとどまっている、ということです。

でも、ちょっと待ってください。

次に続くページで幾つかの疑問について考えてみましょう。

霊のあいまいさ（1）

この「三位の3番目の位格」の概念はあいまいさに包まれている
と認めざるをえません。
父と子についてここまでで述べてきたことの多くは、実は、
伝統的神学が「聖霊」と名付けてきたものの働きのことです。
次のことを考えてみましょう。
聖書の最初にある天地創造物語によると[30]
霊が形なくさびしい水の表面を動いて
創造のみわざが始まった、とあります。
聖書は、イエスが現れるずっと前から
最初から霊が存在し働いていたと明らかにしています。

あるいはこのことも考えてみましょう。
イエスは十字架に向かう前に
ご自分の友たちと長く話し、ご自分の霊を与えると約束されました。
復活後、弟子たちに現れて彼らに息を吹きかけて
「聖霊を受けなさい」と言われました。[31]
「聖霊」と呼ばれたものは去られる時に弟子たちに分け与えられたイエスご
自身だった、ということが明らかになります。

また、次のことも考えてみましょう。
私たちは、「神」という言葉を「神の霊」という言葉と同等に使い
また「キリスト」という言葉と
「キリストの霊」という言葉をも同等に使っています。
聖書においてでさえも
聖霊と呼ばれる特別な存在の、
それだけの特定の定義を見つけることはできないのです。

霊のあいまいさ（2）

「この三位一体って、ひどく複雑だね」とおっしゃっていることでしょう。
私も
「そうなんですよ。キリスト者が神を理解するにつれて、神は本当に複雑になるのです」
と答えざるをえません。
もっと「現実的な」内容に進む前に、あと数行述べさせてください。

聖霊の働きというこの深い問いに答える一つの方法は、
父と子の仲裁者として聖霊をとらえることです。
神を究極的な超越者と考えるなら
そして、人間であるイエス・キリストを
人類史において究極的な内在を示すお方であると考えるなら
そうすれば、神の超越と内在の間に聖霊が位置していると言えましょう。
このように霊は
創造主の栄光とイエスの教えの両方を
霊に対して心を開いているすべての人の毎日の生活の中へ
もたらしてくれるのです。

聖霊の意味を現代的に言い換えるならば
「宇宙のキリスト」という言葉で表現できます。
それは人間の物語の初めと終わりの両方で働くキリストの霊であり、また神の霊なのです。

神の息

霊にはもう一つの側面があります。
とても分かりやすく，また美しい見方です。
それは、ヘブライ語で霊を表す「ルアッハ」という語で
この語には重要で現実的な意味が込められています。
ルアッハという言葉には、実は、
霊、息、そして風、この三つの意味があります。
もし神の話をするのに「霊」が抽象的過ぎてあいまいだと感じるならば
「息」や「風」という言葉で試してみましょう。

このように聖霊はいのちを与える神の息、と考えるとしっくりきます。
あるいは違う言い方をすれば
聖霊は宇宙を吹き抜ける神の力強い風です。
聖なる神秘が、まるで私の髪を吹いて揺らすそよ風のように
私のいのちに触れるのを感じるとき
そこにはいつも聖霊が働いておられます。

第5章
聖書の視点——神秘家の応答と共に[32]

　この最後の章は神についての聖書的視点に全面的に開かれています。読者の信仰の方向性によっては、この章を「教会的」で保守的過ぎ、不快だと感じるかもしれません。一方で他の人たちにとっては、重要で役に立つ章となるでしょう。というのも、新しい視点の中にも馴染み深いキリスト教的、聖書的な見解が埋め込まれているからです。

　この先には、聖なる神秘についての理解と、その神秘に対して、私が人生のこの地点においてどのように応答するかということについて、分かち合いたいことがさらに記されています。困惑するような問いもまだまだありますが、言ってみれば、トンネルの向こうには光があるのです。聖書という資料を用いて私が最後に探し求めるのは、神の恵みへのふさわしい応答を見出すこと。そうです、こうして神の本質を探究することは、私たちの応答と結びつかない限り無益だと私は信じています。たとえば、神が現在すること（presence）は、日々の生活においてどのような違いをもたらすでしょうか。

　私たちはこうして必然的に神秘的な体験の領域へと導かれていきます。キリスト教の「信仰者」は、ある程度、神秘主義を受け入れられる人でなければいけません。そうでなければ、誰も見たことのないもの／者をどうやって信じることができるでしょうか。私は生涯にわたって神秘主義にある種の親近感を抱いてきましたし、自分の信仰の旅路の中、最近は神秘的なアプローチも肯定するようになり、この章のタイトルとして「神秘家の応答」とつけるほどになりました。同時に、私とは異なる文脈で生きてきた人々や、私と対照的な性格の人々が、違ってはいてもパラレルな信仰の道を歩んでいるだろうことも分かっています。

聖書からの詩(うた)[33]

「どこに行けば
　あなたの霊から離れることができよう。
　どこに逃れれば、御顔を避けることができよう。
　天に登ろうとも、あなたはそこにいまし
　陰府(よみ)に身を横たえようとも
　見よ、あなたはそこにいます。
　曙(あけぼの)の翼を駆って海のかなたに行き着こうとも
　あなたはそこにもいまし
　御手をもってわたしを導き
　右の御手をもってわたしをとらえてくださる。

わたしは言う。
『闇の中でも主はわたしを見ておられる。
　夜も光がわたしを照らし出す。』
　闇もあなたに比べれば闇とは言えない。
　夜も昼も共に光を放ち
　闇も、光も、変わるところがない。」

この美しい詩編は、世界に神が遍(あまね)く存在しておられることを伝えています。

見えない神

ユダヤ教とキリスト教の聖書は、最初の1ページ目から終わりまで、
一人の、見えない、聖なる神こそが礼拝されるべき方であることを
宣言しています。
神を、被造物の中心にある
見も触れもできない御力として見ているのです。
多くの人や多くの文化は
宇宙の見える部分を礼拝しています。
何か形あるものを礼拝する方が簡単です――
モノであれ、人であれ、国家であれ。
しかし、ヘブライ人の歴史の最初から、この見えない御声は、
隠れた神秘と繋がるために、さらに深いところまで行くよう、
信仰のうちに父祖たちに呼びかけました。
ユダヤ・キリスト教の神の最もだいじな本質は、
礼拝の対象が〈見えない〉神、〈霊の〉神であり、
その神によって宇宙全体が存在するということです。
見える物はどんな物であれ、究極のお方とはみなされえません。
この真理は、合理的な考え方にはやっかいなものですが、
探し求める魂にとっては、畏敬の源ともなるのです。

神、愛の溢れ

「キリスト教信仰で一番だいじなことを一つ挙げてください」
と言われたら、
あなたの答えは何ですか。
私は、キリスト教信仰の真髄は、
聖なる神秘のお方が〈愛の〉神である、と知ることだと思います。
あるいは、聖書的伝統の言葉を使うなら〈恵み〉の神です。
この溢れる愛の核心は、
神の〈ケノーシス〉（ギリシャ語で「無にすること」）への信仰です。[34]
神のケノーシスは、特に、十字架の死、
他者のために自分のいのちを「無にする」というキリストの最後の行為において示された、
世に対するキリストの愛のことです。
私たちが聖なる神秘を定義づけるために用いるどんな哲学概念も
二次的なものにすぎません。私たちが愛として体験する、
海のような溢れによって特徴づけられる神の実体を知ることにくらべれば。

これは、私たちの知っている世界を慈しみに満ちた場所にする愛です。
私たちに見る目がありさえすれば。
この慈しみは、すべて生あるものが芽生え成長するようにと
刺激を与えています。
この慈しみは、あるがままに人間を受け入れ、
よりよい明日を築くよう私たちを促しています。
これが、私たちが愛し歌う「驚くばかりの恵み」（Amazing Grace）なのです。

永遠のパラドックス：超越か内在か[35]

宇宙の広大さと聖なる神秘に思いをはせていると、
この神が、まさに私の日々の信仰の対象のお方だと思うのは
不合理なように感じられます。
根本的なパラドックス、私たちが既に何度も直面してきたパラドックスとは、
〈いかにして神は同時に超越し、かつ内在するのか〉という問いです。
超越、すなわち私たちをはるか遠く高く超えて崇高であること。
内在、すなわち私たちの中に存在していること。
聖なる神秘であるお方に、私などが実際に触れ合うことなどできるのでしょうか、
「世界の基盤が置かれる前から」存在していたお方になんて、無理なことです。
いやしかし、このお方はとても深い仲で繋がったイエスの「アッバ」（「お父さん」「パパ」）なのです。

「三位一体」の概念は、これにさらなる光を当てるのではないでしょうか。
聖霊は、「慰め主」「助言者」と呼ばれますが、
こうした語は、親密な関係や助けを表しています。
ヨハネによる福音書は、この神秘についてしばしば語っています。
イエスは弟子たちのためにこのように神に祈っています。
「わたしが彼らの内におり、あなたがわたしの内におられるのは、
彼らが完全に一つになるためです。
……
わたしを愛しておられたように、彼らをも愛しておられたことを、世が知るようになります。」[36]

神は全能か[37]

キリスト教の信条は神について、全能で力強く、絶対的な力を持つ方として
語っています。

しかし、ここには一つの問題が含まれています。

もし神に絶対的な力があるなら、

なぜ自然災害や死に至る病をそのままにしておかれるのか。

もし神が全能であるなら、

この問題は当然答えを求められる問いです。

このような神理解が、多くの人をキリスト教から遠ざけています。

しかし、あの圧倒的な神の〈ケノーシス〉を思い起こしてください、

それは新約聖書全体の中心にあるものです。

それは、神が、神の栄光を捨て、

弱くて傷つきやすい人間となることのうちに、神ご自身を現したことです。

神学者のトマス・オードは、最近の著作に『神はできない』という題をつけ
ています。

ジョン・カブの見解によれば、神は全能でもなければ、

人間行動をコントロールする方でもありません。

神が、星や天体、あなたや私をコントロールしていると考えるのは、滑稽で、

創造的な愛の神を信じる信仰にはそぐわない、不必要なことです。

壮大な被造物は、弱くて傷つきやすい被造物です。

いつでも病気・災害・破壊の可能性にさらされており、

神は、それらをずっと「完全な状態」にしておくことは

なさらないし、できないのです。

キリスト者は、神が人を自由を持つものとして創造されたと信じていますが、

この要素が「調合に加えられる」と、はてしない複雑さが生じてくるのです。

「神の似姿」とは何か

安全な水域なら私たちは気ままに泳ぐことができます。
神が他のさまざまな存在の中の〈一つの存在〉ではなく、
私たちが生まれつきその中を泳いでいる水、現実そのものが満ちているもの
であると信じるとき、
私たちは随意に泳げます。

神は、この進化する宇宙の発展の動的なプロセスであり、
この宇宙で私たちは、継続的な成長のため神と責任を分かち合っています。
聖書は私たちが「神の似姿」に造られていると述べています。
これはまことに豊かな意味を孕んだ表現です。
いったいどのように、私たちは神に似ているのでしょうか。
神はどのように私たちに似ているのでしょうか。
巨大なテーマです。
私たちは神との継続的な〈共同創造者〉だと私は思います。
私たちは、人間として自分の可能性を広げ続けるよう努め、
与えられているこの世界という材料から
すばらしいものを絶えず創り出そうと努めているからです。

「神の似姿」はまた、万人に適用される表現です。
人が互いに尊敬し協力する基盤となります。
たとえば、ある一つの人種や民族が他の人々よりもいっそうその似姿に近い
と主張するのは、
まったく醜い高慢です。
神の似姿は、人類全体に当てはまらないなら、誰にも当てはまらないのです。

神のいざない

ご自身を率先してお示しになる神、

人間とコミュニケーションをとろうとされる神。

この神の概念に私はつまずいてきました。

これまで私たちは、愛と創造の聖なる神秘として神をとらえようと試みてきました。

私たちは他の人とコミュニケーションをとることができます。

いつもしているように、いろいろな方法で、多かれ少なかれ効果的に。

ですから、私たち被造物のように創造主がコミュニケーションをとることは驚くことではないでしょう。

神の言葉は、聞く耳のある人にとっては召命となります。

私の経験では、その言葉は私たちに呼びかけ、

神ご自身との親密な体験を楽しむよう、誘い出します。

それは、私たちが自分自身になるよう、

生まれた時からそうなるよう創られている自分自身になるようにと

呼びかけています。

周りにある材料を使って創造者（クリエイター）になるよう促しています。

愛を与えそして受け取るいのちへと、私たちを招いているのです。

語る神

すべてのアブラハムの宗教において礼拝される神が、
どのようにして〈語る〉神ととらえられているか、見てみましょう。
初めから終わりまで、聖書が伝えているのは、語る神です。
「預言者たち」を通して、メシアであるイエスを通して、
時代を超えて「御声」に耳を傾けてきた人たちを通して、
コミュニケーションをとる神です。
「神は今なお語っておられる」は、アメリカのキリスト連合教会の意義深い
標語です。

しかしこれは、神が天の見えない片隅から人間のように語っておられる、
という意味ではありません。
チェット・レイモの本の題に、私は惹かれます、
『神が過ぎ去れば、すべてが神聖だ』[38]
天のどこかに座っているあの人は、過ぎ去りました。
むしろ、この本の題が示すように
神は、あらゆる被造物のうちに存在する聖性です。
目覚めた意識と良心によって、
この神が語っておられるのを私たちは聞きます。
自分たちの周りの世界を通しても、私たちの心の内奥においても。

ダビデ王によるとされる詩編は、このことを見事に表しています。
「天は神の栄光を物語り
大空は御手の業を示す。
昼は昼に語り伝え
夜は夜に知識を送る。」[39]

赦す神

神を赦す方としてとらえることは、なぜ重要なのでしょうか。

このように見てみましょうか。

人間は自己保存の本能を持って創造されました。

私たちは他者からの攻撃──物理的なものであれ、言葉によってであれ──を防がなければいけないと感じます。

その本能がなかったら、私たちはすぐに存在しなくなってしまうでしょう。

しかし、創造の計画は、

あらゆるものとの安らかな調和の内に私たちが生きるため、

自分と同じように隣人を愛するため、

さらに、他者のために自分の益を放棄するためにさえなされたのです。

けれども自分を守ろうとする原始的本能は、

他者のために自分を捨てることとは衝突し、相容れません。

この衝突が、罪と呼ばれる悪行の根源です。

「罪の赦し」とは、次のように語る神の御声です。

「分かってるよ。あなたは自分を守る必要がある。

でも最初から自己中心的ではいけない。

それが人間社会の悪の根源だから。

自己中心は、個人も国も衝突と混乱に陥らせてしまう悪なんだ。

でも、悔い改めてそれを認めるなら、あなたはそれでも受け入れられる。

だから顔を私の方に向けて。

もっといい道を教えてあげよう、あなた方が互いに赦し合う愛の道を。」

これが、罪の赦しと変容の美しいプロセスです。

内在する神、「私たちと共に」 [40]

神はいつも共におられる、と私たちは言いますが、
生活はたいてい単調で「いつも通り」続き、
善人に悪いことが始終起こり、
困っている人々は恵みを求めて祈っても、貧しいまま。
これを、どう理解したら、
神への私たちの信仰が単なる世間知らずでもなければ結局のところ幻想でも
ない、ということがわかるのでしょうか。

私たちは、神の働きの本質を再考するよう求められています。
いつも「私たちと共に」おられる神の本質を。
もし生活の98％が単調でも、同時に、
神はいつも私たちと共にいると信じるなら、
神はその単調さそのものの一部であるに違いありません。

とはいえ、普通、人は生活の単調さに自分で対処できるものです。
歯を磨いたり、ご飯を食べたりするには、
特別な神の力の啓示を必要とはしません。
けれど、単調さそのものの動的なプロセスの中に、
神は絶えずおられると信じるのです。
そうした気づきのうちに生活しているなら、
ショックなことや悲劇が襲っても、私たちには緩衝材があります。
いつも私たちと共におられる神は、希望と勇気の信頼できる源である
と知っているからです。

だいじなことは、私といつも一緒におられる神の現存に向かって
私は開かれているか、ということです。

私が開かれているなら、
単調さを創造力と喜びに変える変容があり
苦悩のときにも霊的な力があるのです。

創造する神

さて、ここまでで皆さんは不思議に思っているかもしれません。
創造主としての神がステージの中央にいないではないか、と。
神や大きくとらえた神の働きの一般的なイメージは、
神が宇宙の創造主であるというのものです。
神が他のものであるかないかは別として、少なくとも、この方こそが
驚くべき世界と人間のいのちを造ったお方です。
しかしながら、まさにこの点において、二つの世界が
100 年以上の間、衝突してきたのではないでしょうか。

1859 年にチャールズ・ダーウィンの『種の起源』が出版されて以来、
すべてのものは──植物も、動物も、人間も──
何十億年にわたって自然淘汰のプロセスによって進化した、
という考えに、近代的科学文化は夢中になってきました。
御言葉によって創造した神はいなかった、
それゆえ、創造主としての神という昔からの考えは時代遅れである。
こうした、自然界や集団社会への科学的アプローチは、
現代文化の基となっている一般的前提です。

神による創造を認める聖書理解とは、明らかに対照的なこうした見解に
キリスト者はどう対処するのでしょうか。
ここでは、「創造論」対「進化論」の議論をするつもりはありませんが、
最近、ますます多くの人が、私自身を含めて、
先のような問いかけをしているのです。
この宇宙が 1 回の「ビッグバン」によって生じたのなら、
そのビッグバンを引き起こしたエネルギーはどこから来たのか。
恒星や惑星をその位置に定めている

引力の源は、何なのか。
光の起源は何なのか。電気の起源は？　いのちの起源は？

進化のプロセスはもはや否定できません。
でも科学が説く進化を超えて、
聖なる存在がおられると私は信じています。
ダーウィン後でも、神は死んではいないのです。

「近づき難い光」の中に隠されて

聖書の中に神は現れていますか。

「もちろん」と多くのキリスト者は即答するでしょう。

しかし、旧約聖書の多くの箇所を見てください、

神の民が叫びをあげています。

「いつまで、主よ

わたしを忘れておられるのか。

いつまで、御顔をわたしから隠しておられるのか。」[41]

そして新約聖書には、十字架上のイエスの、あの胸を引き裂くような言葉が

あります。

「わが神、わが神、なぜわたしをお見捨てになったのですか」[vi]

何世紀もの間、神学者たちは神について、

〈現された神 Deus revelatus〉であるとともに、

〈隠された神 Deus absconditus〉であると語ってきました。

礼拝の始まりでよく歌われる賛美歌の一節にあります。

「永遠の、見えない神、唯一の叡智、

近づきがたき光の中に

われらの目より隠れておわす」[vii]

私の体験では、神は、現れて「近づける」方であるより

隠れて近づき難いことの方が多いのです。

ですから、〈隠された神 Deus absconditus〉との困難な旅を

私たちは続けなければなりません。

かつてブレズ・パスカルは言いました。

「神が隠れていることを説かない宗教はすべて真実ではない」[viii]と。

「私には分かりません」

聖霊を近くに感じるとき、熱い思いで心は溶ける。神は近くにおられる──
ああ、このようなときは、なんと幸せでしょう。
しかし、霊的覚醒は薄れ、心は冷え、神はいないように思われるとき、
「神を信じることはできない。神はいるかもしれないし、いないかもしれない」
と私たちは感じます。
そんなときは、使徒トマスに思いを共にしてもらいましょう。
トマスはあえて言いました。
「あの方の手に釘の跡を見、
この指を釘跡に入れてみなければ、
また、この手をそのわき腹に入れてみなければ、
わたしは決して信じない。」[42]

望ましい科学も望ましい宗教も、「私には分からない」から始まります。
若い頃私は、卓越した説教者である E. スタンレー・ジョーンズの祈りの本
を読みました。
その本の最初の祈りに私は、はっとさせられました。
けれど、長いこと私もたびたびそのように祈ってきました。
「ああ神よ、もし神という方がおられるのなら……」

疑問を持ったり疑ったりすることは、まったく問題ありません。
疑いは、信じることの裏面です。
疑いは、光を求め不可知の闇をさらに深く掘り進みます。
疑いは、頭や心の扉を閉めることではありません。
疑いは、聖なる神秘を新たに理解する可能性を探るものです。

体となられた神

聖なる神秘のお方、それは宇宙の王ではなく、
いのちの息、すべてのもののうちにあるエネルギー、
意味の泉であると
私はとらえるようになってきています。
私が切に探すのは、直感的な体感、
愛の神への喜びに満ちた信仰の体験です。

でもどこでこの神にお会いできるのでしょうか。
もし神が万物の中におられるなら、
私自身の精神や体のうちにも神を見出すことができます。
ええ、神の霊は〈私のうちに受肉〉されているのです。
おそらくこの霊は、別の自分、オルター・エゴ（エゴは〈自己〉の意味）のようなもので、
生まれながらの自己に対するもう片方の自己であり、
一日中私の対話相手となっている意識です。

神の霊は、形なきもののために形を必要としており、
私の人間の体を必要としており、
歴史の中を踊りつつ進むために、何十億もの体を必要としているのです。
だいじなのは、聖パウロが私たちの体をこう呼んだことです。
「神からいただいた聖霊が宿ってくださる神殿」と。[43]

飛び込みなさい

この本の多くのページを通して私たちは、
聖なる神秘としての神の意味を見出そうと
宇宙や、また人間生活の中を探してきました。
私たちとコミュニケーションをとる神、
私たちを上へといざない、前に進むよう呼びかける神を見出してきました。
しかしこの話は、最後の一歩なしには、まだ終えるわけにはいきません。

神秘的臨在のお方の呼び声は、返事を待っておられます。
これは、私自身の意見というだけでなく、
毎週日曜の朝、教会の同じ席に座る方々のような
神についてのこうした話を既に知っている
多くの人の意見でもあると思います。
私たちの多くは、恵みが神秘的に溜（た）まっているところの周りを歩いて、
美しい水として眺め、
この水に入ったらとても気持ちがいいだろうと思い巡らしながらも、
飛び込むことを躊躇（ちゅうちょ）しています。
霊性の深みへと飛び込むことを恐れるのは、
なぜなのでしょう。
全身が浸る喜びを感じ、
霊の水が私たちを浮き上がらせてくださるのを恐れるのは、
なぜなのでしょう。

思考と理性は、この本に溢れていますが、
現実のことの代わりとしては貧弱です。
溜まっている水について考えるのは神学、そこに飛び込むのが信仰——
つまり、神〈について〉語ることと、神〈に〉語ることの違い。

前者は学問的な頭の体操で、
後者は神秘的な体験。
神学するには知性が、
飛び込むには勇気が、必要とされるのです。

神の「地上的な」御旨

「御旨が地にも行われますように」と私たちは祈ります。そう、地に、です。
御旨——つまり神のなさること——は
天上の神々しいものではありません。「地上の現実的な」ものなのです。
「御旨が行われますように」と祈るとき、
私たちは抽象的な「霊性」に思いを向けがちですが、
「地に」というフレーズは、霊的抽象ではなく、
私の日々の地上の現実的な活動を指しているのです。
「神の御旨」、それは何でしょうか。誰に分かるのでしょうか。
これは「やっかいな問題」で、すらすらとは答えられないものです。
友人たちがあたかも神の御旨を知っているかのように話すとき、
私は傲慢な印象を感じてしまいます。
私が神の御旨を知りうるのは唯一、
イエスによって示された生き方に従おうと努め
愛と正義のうちに歩み
自分の能力を創造のわざに使うときです。

それは、シンプルに「今」を心に留めて生きることではないでしょうか。
神の霊の静かで小さな声に心開いて、
今なすべき必要のあることに従事しながら。

イエス、神の国のひな型

新約聖書にはたびたび「神の国」という語が出てきます。
特に神によって定められたお方、「メシア」であるイエスを通して
神がこの世で働いておられる、そのありようをこの語は伝えています。
神がすべての人にどう生きてほしいと望んでおられるかを伝えています。
神の国は、政治的国家ではなく、いのちの道です。
初期のキリスト者たちは、「その道の人たち」と呼ばれていました。
その真髄は何でしょうか。
それは、いのちの道
ナザレのイエスが教え、生き抜いたもの――
それは、犠牲の愛の道、癒やしの道
正義の、そして赦しの道
御父の声に絶えず開いている道。
――これが、神の国です。
この神の国は今も存在しています、
分け隔てなく、すべてのもののための正義が主張されるところに。
神の国は、互いに憐れみ深く赦し合う道です。
それが、イエスというひな型にならう生き方です。

どのように神秘に関わることができるのか

神とイエスについてのこうした話は空虚で、
単なる頭の体操でしかないかもしれません。
この神へ、人間からの何らかの応答をしない限り。
神学研究はアカデミックな言葉遊びにすぎないかもしれません。
人間の経験といわゆる神トークには関連性があるのだと認めない限り。

超越的なお方と意識的関係を持ち続けることは
私たちに可能でしょうか。
この問いを、否定的側面から見てみましょう。
私たちを本当に神から隔てるのは、
このお方が被造物全体を、私自身をも
だいじにしてくださると知りながら
それを疑うこと、絶望すること。
私たちは気落ちして、口にします。
「助けを求めるところはない。
世界には愛なんかない。人生には意味がない。」
これは、聖なる神秘がお与えになる無条件の恵みを拒むことです。

待ち望み信頼する心、開かれた感謝の心が
神と人の関係性を創り出し、保つのです。

変容

聖パウロは自分の振る舞いを、相反する表現で語っています。
「生きているのは、もはやわたしではありません。
キリストがわたしの内に生きておられるのです。」[44]
「ルアッハ」の神秘的体験から生じるのは、このようなパラドックスです。

それは、日々の活動をこのように体験することです。
たとえば、配線されている機械。
でもまだ電気は来ていません。
やがて電気の流れ、すなわち「神秘」が流れ始めると
創造的なみわざが行われるのです。
あるいは、私たちが貴重な絵画を見にやって来た時。
絵は暗い部屋に掛けてあって見えづらいのですが、
やがて明かりがつき、
すべてが変容します。絵画の美しさに私たちの心は揺さぶられます。

神の霊は、まったく物質的でなく隠れています。
それなのに、不思議にもすべての物を変えるのです——電気や光のように。
私の祈りは、このいのちのエネルギーの流れに開かれていくこと。
私の中に注ぎ込み、そして私を通して他の人々へと注がれる流れに開かれて
いくことです。

祈り：どうか私に触れてください

神よ、あなたは私を包む創造の麗しさの中におられる
聖なる神秘であると私は感じます。
でも私は、生きておられる「あなた」とのもっと深い出会いを切に求めています。
天の高みに、
そして人間の魂の深みにおられるあなた。
宇宙的キリストの霊において最もはっきりと知られ、
傷ついた者に癒やしを、死者にいのちをもたらし、
謙虚な心に完全さをもたらすあなた。

私は信じます、あなたはここにおられると。
今、どうぞ私に触れてください、
安らぎを与え、喜びを与え、
憧れ慕う私の霊に、新しいいのちを与えてください。

注釈

第 1 章

1 ゴードン・カウフマンの学術研究、God the Problem の第 1 章を参照のこと。

2 詩編 13：2 － 3a

3 リッチ・メイフィールド著 A Case for Christian Atheism（Alive and Well and Talking Jesus、第 8 巻、82 － 83 頁）。

4 同様の問いを扱う本としては、レジナルド・スタックハウス著 The God Nobody Knows を参照のこと。

5 マルコによる福音書 2：22

6 コリントの信徒への手紙一 3：16

7 出エジプト記 3：13 － 14

8 シルベスター・ポール・シリング著 God in an Age of Atheism、123 頁を参照のこと。シリングはユダヤ教のラビであるリチャード・ルベンスタインがホロコーストについて語った言葉を引用している：「神と人、天と地をつないでいた糸が、断ち切られてしまった。」

9 支配しない神については、トーマス・ジェイ・オード著 God Can't でより深く述べられている。

第 2 章

10 引力について明確にしてくれた、ポモナ・カレッジのトマス・ムーア教授に感謝している。

11 このテーマについては、サリー・マクファーグ著 The Body of God が詳しい。

12 2016 年 5 月 4 日ピルグリム・プレイスで行われた、チャールズ・ベイヤー

によるレクチャー「我々はまだ宗教を必要とするか」、当日配布資料より引用。

13　エフェソの信徒への手紙 5 : 31 − 32

14　「父」なる神について、ドロテー・ゼレが Theology for Skeptics: Reflections on God の第 2 章でフェミニストの視点から批判を述べている。

第 3 章

15　神への哲学的アプローチの概観については、R.T. アレン著 The Necessity of God を参照のこと。

16　このテーマについては、パウル・ティリッヒを参照。ティリッヒは、20 世紀のドイツの神学者で、アメリカの神学に、とりわけニューヨーク・ユニオン神学校時代に大きな影響をもたらした。

17　例えば、『オックスフォード　キリスト教辞典』(教文館、2017 年) では、「万有内在神論 (万有在神論)」の項目 (649 頁) に「宇宙全体は神の存在に含まれ浸透している結果、そのどの部分も神の中にあるが、(汎神論とは反対に) 神の存在は宇宙を超えており、宇宙に埋没しないという考え。この概念は近年もある程度支持されている。」と説明している。

18　エックハルト著、植田兼義訳「ドイツ語説教集　説教 53」『キリスト教神秘主義著作集第 6 巻　エックハルト I』(教文館、1989 年、270 頁)。

19　マーカス・ボーグ著 Speaking Christian、73 頁。

20　ケネス・J・デール著 A Mosaic of Musings、99 頁。

21　チャールズ・ベイヤー著 My Quest for a Personal God、20 − 37 頁。

22　「アッバ」としての神についての十全な議論は、ジョン・カブ著 Jesus' Abba を参照。

第 4 章

23　三位一体に関するより深い検証と現代的解釈については、リチャード・ロアのウェブサイト (The Center for Action and Contemplation) にある「三

位一体」についてまとめられた、以下の二つのサイト記事を参照。

https://cac.org/daily-meditations/trinity-part-1-weekly-summary-2019-05-11/

https://cac.org/themes/trinity-part-two/

24 リチャード・ドーキンス，"Atheists for Jesus?" Free Inquiry 25:1, 2005, 9-10

https://cdn.centerforinquiry.org/wp-content/uploads/sites/26/2005/01/22160306/p09.pdf

25 非常に長い「アタナシウス信条」（5世紀にさかのぼるが、今日でもまれに使用される）からの抜粋。この信条は、イエスと神の関係を決定的に分析しようとした。（訳注：訳文は以下より引用。『一致信条書』信条集専門委員会訳、聖文舎、1982年、26頁。）

26 ヨハネ福音書14章8－14節には、イエスと神の二者の間の一致について、イエスと弟子フィリポとの間に交わされた会話がある。

27 アンセルムス、12世紀初頭のカンタベリー大司教。

28 ヨハネによる福音書14：6

29 使徒言行録2：1－4

30 創世記1：2

31 ヨハネによる福音書20：22

第5章

32 20世紀半ばのアメリカ合衆国、主流プロテスタント教会における神の伝統的理解に関する概要は、スティーブン・ニール著 The Christians' God を参照。

33 詩編139：7－12

34 ケノーシス kenosis は「無にする」を意味するギリシャ語。神のケノーシスを描く新約聖書の代表的箇所は、フィリピ2：5－10

35 キリスト教神学の観点からの、神の神秘に関する詳細な研究は、ボブ・ハード著 Compassionate Christ, Compassionate People の1章・2章を参照。ハードによると、内在と超越の同時性は神の本性に関する古典的な見解である。神の超越を創造からの隔たりと考える、すなわち、神は「あ

ちら」のどこか、私たちと世界はこちらにいて両者の間には大きな溝
があると考えるのは近代的神論である。

36 この関係の親密さについては、ヨハネ17章で述べられている。（訳注：
引用はヨハネ17：23)

37 「神は全能か」は、カリフォルニア州クレアモントのピルグリム・プレ
イスで2019年3月18日に行われた、スティーブン・デイビスとジョン・
カブの公開討論の題である。

38 チェット・レイモ著 When God is Gone, Everything is Holy を参照。

39 詩編19：2－3

40 イエスが生まれた時に付された名前の一つが「インマヌエル」で、「神
はわれらと共にある」の意味である。

41 詩編13：2

42 ヨハネによる福音書20：25b

43 コリントの信徒への手紙一6：19

44 ガラテヤの信徒への手紙2:20。19－21節のパウロの力強い言葉を参照。

訳注

i ドーキンスの著書のタイトル。

ii 仏教の教えである「指月のたとえ」のこと。空の月を見るとき、月とい
う真実そのものを見るのではなく、月を指し示す指にだけ目が行って
しまい、指が真実だと思い込んでしまう。つまり月と指は「物事を正
しく見ていない」ことを示す隠喩として用いられている。

iii 米国ロサンゼルス

iv 『ゴスペルフォーク・ヒット集　友よ歌おう』（いのちのことば社、1976年)
所収「イエスさまがいちばん」

v ユダヤ教、キリスト教、イスラームのこと。

vi マタイ27：46

vii 本賛美歌は『聖歌集』（日本聖公会、2006年)349番として収められているが、

　　日本語歌詞は一致しない。本書では英語歌詞からの独自の訳とした。

viii　パスカル著、塩川徹也訳『パンセ (上)』岩波文庫、岩波書店、2015 年、
　　296 頁。

引用・参考文献

Allen, R. T.（R.T. アレン）*The Necessity of God.* Piscataway, NJ: Transaction Publishers, 2008.

Bayer, Charles.（チャールズ・ベイヤー）"Do We Still Need Religion?" Lecture at Pilgrim Place, May 4, 2016.

―――. *Reclaiming the Christian Faith.* St Louis, MO: Lucas Parks, 2008.

―――. "My Quest for a Personal God." In *Road Rage and Resurrection: Doing Theology at Pilgrim Place*, edited by Paul Kittlaus and Pat Patterson, Vol 5. Shelbyville, KY: Wasteland, 2010.

Brooks, David.（デヴィッド・ブルックス）*The Second Mountain: The Quest for a Moral Life.* New York: Random House, 2019.

Borg, Marcus.（マーカス・ボーグ）*Speaking Christian: Why Christian Words Have Lost Their Meaning and Power—and How They Can be Restored.* New York: Harper One/Harper Collins, 1989.

―――. *The Heart of Christianity: Rediscovering a Life of Faith.* New York: Harper San Francisco/Harper, 2003.『キリスト教のこころ――信仰生活を見直す』、小門宏訳、近代文芸社、2005 年

Clayton, Philip.（フィリップ・クレイトン）*Transforming Christian Theology for Church and Society.* Minneapolis: Fortress, 2010.

Cobb, John.（ジョン・カブ）*Jesus' Abba: The God who Has Not Failed.* Minneapolis: Fortress, 2015.

Dale, Kenneth J.（ケネス・J・デール）*A Mosaic of Musings.* Minneapolis: Kirk House Publishers, 2010

Davis, Andrew and Philip Clayton, eds.（アンドリュー・デイビス、フィリップ・クレイトン編）*How I Found God in Everyone and Everywhere: An Anthology of Spiritual Memoirs.* Rhinebeck, NY: Monkfish, 2018.

Dowd, Michael.（ミカエル・ダウド）*Thank God for Evolution.* New York: Penguin Group/Plume, 2007.

Geering, Lloyd.（ロイド・ギーリング）*Reimagining God.* Salem, OR: Polebridge, 2014.

Helminiak, Daniel.（ダニエル・ヘルミニャク）*The Transcended Christian*：*What Do You Do When You Outgrow Your Religion?* N.p.: CreateSpace, 2013.

Hitchens, Christopher.（クリストファー・ヒッチンズ）*The Portable Atheist: Essential Reading for the Nonbeliever.* Boston: Da Capo, 2007.

Hurd, Bob.（ボブ・ハード）*Compassionate Christ, Compassionate People.* Collegeville, MN: Liturgical Press Academic, 2019.

Isherwood, Margaret.（マーガレット・アイシャウッド）*Searching for Meaning*：*A book for agnostics and believers.* London: George Allen & Unwin Ltd, 1970.

Jones, E. Stanley.（E・スタンレー・ジョーンズ）*Abundant Living.* Abingdon Press, 1942.『豊かな生活』、橋本道子、友井槙共訳、日本基督教団出版部、1955 年

Mayfield, Rich.（リッチ・メイフィールド）"A Case for Christian Atheism." In *Alive and Well and Talking Jesus, Doing Theology at Pilgrim Place*, edited by Paul Kittlaus et al., Vol. 8. Shelbyville, KY: Wasteland, 2013.

―――. *Reconstructing Christianity.* Lincoln: iUniverse, 2005.

McFague, Sally.（サリー・マクファーグ）*The Body of God: an Ecological Theology.* Minneapolis: Fortress, 1993.

McLaren, Brian.（ブライアン・マクラーレン）*Everything Must Change: Jesus, Global Crisis and a Revolution of Hope.* Nashville: Thomas Nelson: 2007.

―――. *The Great Spiritual Migration: How the World's Largest Religion is Seeking a Better Way to be Christian.* New York: Convergent, 2016.

Miles, Jack.（ジャック・マイルズ）*God: A Biography.* New York: Knopf, 1995.『GOD ――神の伝記』、秦剛平訳、青土社、1996 年

Neill, Stephen.（ステファン・ニール）*The Christians' God.* New York: Association, 1954.

Oord, Thomas Jay.（トーマス・ジェイ・オード）*God Can't.* Grasmere, ID: SacraSage, 2019.

―――. *The Uncontrolling Love of God.* Downers Grove: IVP Academic, 2015.

Raymo, Chet.（チェット・レイモ）*When God is Gone, Everything is Holy.* Notre

Dame: Sorin, 2008.

Robinson, John.（ジョン・ロビンソン）*Honest To God*. London: SCM, 1963.『神へ
の誠実』、小田垣雅也訳、日本基督教団出版部、1964 年

Rollins, Peter.（ピーター・ロリンズ）*How (Not) to Speak of God*. Brewster, MA:
Paraclete, 2006.

Schilling, Sylvester Paul.（シルベスター・ホール・シリング）*God in an Age of
Atheism*. Nashville: Abingdon, 1969.

Soelle, Dorothee,（ドロテー・ゼレ）*Theology for Skeptics: Reflections on God*.
Minneapolis: Fortress, 1995.

Stackhouse, Reginald.（レジナルド・スタックハウス）*The God Nobody Knows: Un-
explored Dimensions of Belief*. Toronto, Canada: Anglican Book Centre, 1986.

Stark, Rodney.（ロドニー・スターク）*One True God: Historical Consequences of
Monotheism*. Princeton: Princeton University Press, 2001.

＜著者紹介＞

Kenneth J. Dale
ケネス・J・デール

米国ネブラスカ州生まれ。米国福音ルーテル教会牧師。シカ
ゴ・ルーテル神学校において MDiv、ニューヨーク・ユニオ
ン神学校において PhD を取得。

ルーテル学院大学・神学校にて牧会配慮ならびにカウンセリ
ング専任教授として 35 年間奉職、同名誉教授。1982 年には大学附属機関として「人間
成長とカウンセリング研究所（PGC）」を創設、14 年間にわたり所長を務めた。仏教、
異文化、カウンセリング、キリスト教の霊性など、さまざまなテーマで本を出版してお
り、今回で 10 冊目となるが、そのうちのいくつかは日本語に翻訳され出版されている。
現在はカリフォルニア州クレアモントの引退者生活共同体 Pilgrim Place に在住。

＜訳者紹介＞

谷口真理子

国際基督教大学大学院教育学研究科修士課程修了。英語講師。1984 年から 1990 年まで
人間成長とカウンセリング研究所（PGC）で学び、活動に関わる。PGC2 期生。

装丁：長尾　優

カバー絵：ケネス・J・デール

神はいずこに──聖なる神秘の黙想　　© デール・パストラル・センター 2023

2023 年 3 月 23 日　第 1 版第 1 刷発行

著　者　ケネス・J・デール

訳　者　谷口真理子

監訳者　デール・パストラル・センター

発行所　株式会社 キリスト新聞社出版事業課

〒162-0814　東京都新宿区新小川町9-1
電話 03-5579-2432
FAX03-5579-2433
URL. http://www.kirishin.com
E-Mail. support@kirishin.com
印刷所　株式会社光陽メディア

ISBN978-4-87395-811-8 C0016（日キ版）　　　　　　　　　　Printed in Japan